EPITRE DÉDICATOIRE;
A MESSIEURS
DU THÉATRE FRANÇOIS.

MESSIEURS,

COMME le but de mon Ouvrage eſt tout-à-la-fois de faciliter les progrès d'un Art que vous illuſtrez : & d'aſſurer à ceux qui le profeſſent, le bien le plus précieux à des ames ſenſibles ; l'eſtime publique ; j'ai crû qu'à toutes ſortes de titre, l'hommage vous en étoit dû.

Les abus, les désordres que j'attaque; ne tenant point à l'état de Comédien, mais à la multiplicité de ceux qui déshonorent ce nom: il y a de toutes façons, si loin de vous à eux, que je ne crains pas de vous offenser par le ridicule que je jette sur ces faux Artistes.

L'heureuse révolution qui fait l'objet de vos vœux; est aussi celui de mon travail: & quel qu'en soit le résultat, je serai toujours flatté d'avoir trouvé cette occasion de vous offrir des preuves de mon dévoûment; & des sentimens respectueux avec lesquels

J'ai l'honneur d'être,

MESSIEURS,

Votre très-humble & très-
obéissant serviteur.
M*** DE SAINT-AUBIN.

LA RÉFORME DES THÉATRES,

OU

VUES D'UN AMATEUR,

SUR les moyens d'avoir toujours des Acteurs à talens fur les Théatres de Paris & des grandes Villes du Royaume, & de prévenir les abus des Troupes ambulantes, fans priver les petites Villes de l'agrément des Spectacles.

Ouvrage dédié au Théatre François.

Par M. M*** DE SAINT-AUBIN.

Qui è nuce nucleum effe vult, frangat nucem.
PLAUT.

A PARIS,

Chez GUILLOT, Libraire de MONSIEUR, frère du Roi, rue St. Jacques, vis-à-vis celle des Mathurins.

M. DCC. LXXXVII.
Avec Approbation & Privilége du Roi.

LA RÉFORME DES THÉATRES.

PREMIERE PARTIE.

Contenant le tableau des abus qui se commettent en Province par les Comédiens.

CHAPITRE PREMIER.

Des grandes Villes.

JE comprendrai sous cette dénomination, non-seulement les villes du premier & du second ordre, mais même celles du troisieme. Par-tout où il y a assez de bonne compagnie pour soutenir un spectacle, soit toute l'année, soit pendant une saison; les acteurs exempts d'inquiétudes sur le produit de leurs travaux, se livrent à l'étude avec plus d'empressement : les talens y sont, à la vérité, plus ou moins nombreux ; mais il y en a toujours quelques-uns qui sont l'ame du spectacle, & qui font passer les autres à l'abri de leur supériorité. Le bon goût, le ton qui regne dans une ville bien habitée, l'habitude même du spectacle, qui tient lieu de connoissance à bien des gens, forcent les directeurs à se munir de bons sujets : leur intérêt d'ailleurs est un motif déterminant.

Mais ces mêmes directeurs n'en ont pas moins de fréquentes occasions de se plaindre, aussi bien que le public.

Un entrepreneur qui a payé son privilége, qui n'a point épargné ses fonds, (& quelquefois ceux d'autrui) pour monter son magasin, pour faire de grosses avances à ses acteurs, & les faire venir à grands frais ; qui, pour remplir tous ces vuides, & pour subvenir aux dépenses immenses & toujours renaissantes du théatre & des appointemens, compte sur le produit hasardeux de ses recettes, se trouve dans une position bien cruelle, lorsque de douze ou quinze acteurs, sur les talens desquels il fondoit tout son espoir, il ne s'en trouve que deux ou trois de bons, autant de passables, & le reste insoutenable : c'est pourtant ce qui arrive tous les jours, & sans qu'ils puissent s'en garantir, tant que les choses resteront sur le pied où elles sont.

Presque tous les comédiens sont dans l'usage de changer de troupe tous les ans : ce n'est point un mal, au contraire ; chaque ville a sa maniere de juger, ses connoisseurs plus ou moins éclairés. C'est en passant par ces diverses épreuves, en soutenant le choc de ces différentes opinions, que le talent s'épure, se rafine, s'affermit, se décide : mais que d'inconvéniens suivent ces mutations annuelles !

Les directeurs, obligés de remplacer les emplois vacans, écrivent à Paris à la correspondance, ou y viennent eux-mêmes recruter au café. Qu'est-ce que cette correspondance ? Quels sujets trouve-t-on au café ? Ce dernier endroit, situé rue des Boucheries, fauxbourg Saint Germain, est le rendez-vous de tous les comédiens de province, des deux sexes, qui se trouvent sans place pendant la quinzaine de Pâques.

L'affluence y est si nombreuse, que la salle ne sauroit les contenir : ils fourmillent dans la rue : mais qu'y trouve-t-on ? Les acteurs d'un talent connu sont ordinairement ou engagés dans la troupe où ils ont passé l'année, ou liés d'avance par d'autres conventions dans celle où ils doivent se rendre pour l'ouverture. Ces derniers, si leur route les conduit par la capitale, y séjournent quelques jours pour se délasser de leurs travaux, & faire leurs emplettes : ceux qui habitent les grandes villes à portée de Paris, y viennent dans la même faifon pour fe promener, aggrandir leur garde-robe, voir leurs camarades, & s'amufer du bourdonnement de la cohue des *cabotins*.

Dans ces deux claffes, il n'y a pas l'ombre de reffource pour le directeur dépourvu; il eft donc forcé de choifir au hafard dans la foule tumultueufe & empreffée des gens fans place : c'eft alors qu'il eft prefque fûr d'être trompé. Comment ne le feroit-il pas ?

S'en rapportera-t-il au phyfique extérieur ? Tel homme peut être auffi beau qu'*Adonis*, & n'avoir ni bons fens ni moyens, paroître fort amufant dans la converfation, & jouer la comédie avec un froid à glacer; raifonner jufte, & avoir fur la fcene une diction fauffe; frédonner agréablement une *ariette* en fociété, & chanter pitoyablement un *opéra-bouffon*. Prefque tous les *crifpins* du café le font retentir de leurs faillies, y pirouettent, y baladinent comme des finges, & font dans leurs rôles d'un monotone, d'une bêtife, d'un lourd à périr; nombre de chanteurs y *gazouillent* qui n'ont pas de voix, & ne fe doutent pas même de la maniere dont on doit chanter. Ce que je dis des hommes peut s'appliquer aux femmes : je fuis fans partialité. On voit au café des comédiennes qui font charmantes par-tout ailleurs qu'à la fcene. Cependant, entrez dans cette affemblée, & annoncez-vous pour directeur, bientôt l'effaim vous environne; chacun vous étourdit du pompeux étalage de fes talens, & du récit menfonger de fes fuccès : vous ne favez auquel entendre, auquel donner la préférence ; ils font charmans : vous n'êtes fâché que de ne pouvoir les engager tous.

Mais, direz-vous, ce directeur inftruit, expérimenté, n'eft pas tenu de les en croire fur leur parole. En effet, cela ne devroit pas être ; mais il n'eft pas moins vrai, que preffé de *recruter* & de fe *completter*, il eft forcé d'en venir là. Et à qui s'adreffera-t-il pour avoir des renfeignemens folides ?

Par un efprit de corps mal entendu, l'acteur qui déprime le talent de fon camarade, eft regardé comme un envieux, un jaloux ; on fuppofe qu'il a eu quelque différend avec lui, & qu'il ne l'abaiffe que pour fe venger. Il y a plus, on fe fait une fauffe délicateffe de mettre obftacle à l'engagement d'un fujet. Pourquoi, *dit-on*, empêcher quelqu'un de fe placer ? Cette charité *malhonnête* fait que tous fe prêtent un mutuel fecours pour tromper le malheureux entrepreneur. Le premier engagé, par les rapports officieux de fes camarades, leur rend à fon tour le même fervice ; & comme l'acte ne fe paffe point fans une forte d'épanchement entre le directeur & le penfionnaire, celui-ci qui dès l'inftant a plus de droits à la confiance de fon chef, en abufe pour le faire donner dans le panneau en faveur de ceux qu'il protége. Le directeur engage, débourſe, donne des avances, paye des voitures, & emmene triomphant un troupeau d'aigrefins, deſtinés à ſa ruine & au tourment du public. Ce n'eſt pas que le maître du café, témoin tous les ans de ces ſcenes, & inſtruit par ſes informations particulieres, ne pût empêcher le ſuccès de ces frauduleuſes cabales; mais il eſt trop intéreſſé à ce que ſon café ſe débarraſſe. Preſque tous ces gens-là ſont ſes débiteurs ; les uns logent & vivent chez lui depuis un certain tems, d'autres lui doivent le port de leurs malles qu'il a retirées de la meſſagerie; d'autres beaucoup de ports de lettres, car ces Meſſieurs écrivent beaucoup; preſque tous des mémoires de café, biere, liqueurs, &c. toutes choſes dont il n'eſt pas juſte de ſe priver quand on peut les avoir à crédit. Il n'eſt jamais plus content que lorſqu'il les voit placés : ſa dette eſt la premiere ſomme prélevée ſur les avances reçues ; & il ne forme d'autres vœux que de voir les autres avoir le même bonheur. On peut dire à ſa louange, qu'il eſt peu d'hommes qui deſirent plus ſincérement que lui l'avancement de leur prochain.

Une réflexion qui ſe préſente d'abord à l'eſprit, c'eſt que le directeur auroit pû & dû ne s'en rapporter à aucune de ces atteſtations vénales & intéreſſées, & faire par lui-même l'eſſai des talens de ceux qu'il engageoit. C'eſt le premier reproche que les amateurs font à un directeur, qui leur amene de Paris des mauvais comédiens; mais si ces amateurs connoiſſoient le *tripot comique*, ils ceſſeroient de blâmer le directeur, & ſe contenteroient de le plaindre.

D'abord, comment feroit-il l'eſſai de leurs talens dramatiques, n'y ayant point à Paris de théatre deſtiné à cet uſage? Il ne peut donc que leur faire réciter dans ſa chambre quelques morceaux détachés, ſans ſuite, ſans liaiſon de ſcenes, ſans intérêt; ils choiſiront ceux qui leur feront les plus familiers; & s'ils y ſont paſſables, on n'a rien à leur dire: on pourra ſuppoſer qu'ils diſent tout de la même maniere, & peut-être mieux, parce qu'ils ne manqueront pas d'obſerver que la fatigue du voyage a altéré leurs organes; qu'ils ſe trouvent déplacés de déclamer dans la chambre, & mille autres raiſons de cette eſpece, contre leſquelles il y a d'autant moins de répliques, que l'acteur iſolé & l'acteur accompagné de l'appareil théatral, ſont réellement deux hommes tout à fait diſſemblables.

Si ce ſont des chanteurs, mêmes difficultés & pires encore; on eſt *enrhumé:* qu'objecter à cela? On chantera proprement une ariette, la voix paroîtra belle & ſonore dans un local reſſerré; mais pouvez-vous juger de ſon effet lorſqu'elle ſera dans une grande ſalle? Mais avez-vous un orcheſtre &

d'autres chanteurs pour essayer les morceaux d'*ensemble* ? Dénué de tout cela, peut-on apprécier l'étendue des moyens, l'intelligence & la précision de celui ou de celle qui vous aura flatté l'oreille par deux ou trois ariettes, ses favorites ? Tout cela est impossible : & le directeur, forcé d'agir presqu'à tâtons, est forcé de s'en rapporter à la bonne foi : caution bien équivoque !

Qu'il s'adresse à la correspondance, il n'est pas mieux servi. L'*espece* de chef de cette *espece* de bureau, qui se paye de ses peines à raison de tant par mille francs d'engagement, qu'il reçoit du directeur & du sujet engagé, se hâte de multiplier ses profits en plaçant le plus de sujets qu'il peut : plus il en fait engager, plus il réitere ses honoraires, & plus il vend de *pots de rouge*, & autres menues fournitures, au moyen desquelles il préleve sur toutes les avances un impôt quelquefois onéreux.

En novembre & décembre 1779, j'ai vu arriver successivement à Moulins trois hommes envoyés de ce bureau, pour tenir l'emploi de *la Ruette*. L'incapacité du premier avoit fait demander un second ; & l'insuffisance de celui-ci avoit nécessité l'engagement du troisieme. Au lieu de gagner au change, on ne faisoit qu'y perdre : c'étoit de pis en pis ; on eût dit que c'étoit une gageure. Je ne les nomme point ; on ne sauroit me taxer d'indiscrétion ; mais il n'eſt pas moins vrai que ce triple emploi, montant à cinq mille francs, ſomme exorbitante pour une ville du troiſieme ordre, rendoit, à raiſon d'un louis par mille livres, (*douze livres par le directeur, & douze francs par le penſionnaire*) cent vingt livres net à la correſpondance, & ſurchargeoit, au-delà de ſes forces, l'entrepreneur qui finit mal ſon année.

Mille exemples de cette nature, que je pourrois citer, ne ſerviroient qu'à groſſir le volume, ſans prouver plus démonſtrativement la néceſſité d'un changement radical, & d'un arrangement lumineux dans le régime général des ſpectacles de province.

Un autre inconvénient, que toute la prudence des directeurs ne peut éviter, & qui les expoſe tous les jours à des pertes réelles, c'eſt le changement de nom. Un acteur tombé dans pluſieurs villes, une fois connu pour mauvais, ne trouve plus d'engagement. Que fait-il ? Il ſe rend à Paris, & de-là, ſoit au renouvellement des troupes, ſoit lorſqu'à l'entrée de l'hiver on les fortifie, ou que par cas de maladie on eſt obligé de remplacer un emploi, ou de le *doubler*, il écrit au directeur, & prend le nom d'un acteur à réputation, qui joue ſon même emploi. Le directeur, ſéduit par le nom, n'héſite pas de contracter avec un homme, dont il a toujours entendu parler avantageusement : il se félicite de ce qu'il s'offre à lui, s'empresse de conclure, ne chicane point sur les conditions, envoye de fortes avances, & compte les instans qui retardent l'arrivée d'un sujet précieux à son intérêt, & agréable au public. Il arrive ce sujet, & avec lui le désespoir du pauvre entrepreneur. Ce *monsieur un tel*, que sa réputation empruntée fait tant desirer, se trouve métamorphosé en *monsieur un tel*, reconnu par une partie de la troupe, pour avoir, sous son vrai nom, *tombé ici*, *tombé là*, été *sifflé* dans une ville, *chassé* d'une autre. On ne peut lui refuser ses débuts; il les fait, & tombe encore. L'engagement devient nul; il est cassé, à la bonne heure : mais le directeur n'en est pas moins pour ses avances, déja dissipées, (car c'est la regle) & pour le voyage coûteux de l'adroit fripon, & de son bagage. Mais, dira-t-on, le public est pour rien dans tout cela ; il en est quitte pour repousser honteusement l'imposteur. Il n'y a que le directeur qui y perd : que ne prenoit-il garde qu'on le trompât ? Public injuste ! les intérêts de ce directeur ne sont-ils pas les vôtres ? Tout occupé de vos plaisirs, il cherche les moyens de les multiplier. L'excès de son zele le porte à sacrifier, à hasarder le fruit de ses travaux, pour vous procurer de nouveaux agrémens, & le rend victime de sa bonne foi, & des piéges d'un subtil escroqueur. Plaignez-le donc, vengez-le, ou du moins votez avec moi, pour que de pareils abus soient irrévocablement réprimés.

D'ailleurs, les intérêts pécuniaires du directeur ne s'y trouvent pas seuls compromis. L'honneur du corps, & le progrès des talens se ressentent de cet échec. Une bassesse commise par un comédien, réjaillit sur toute la troupe; les honnêtes gens font distinction des individus; mais la populace ne dit pas : *tel comédien a fait cela;* elle dit : *les comédiens ont fait cela.* Et les acteurs, qui ont de la probité, voyent chaque jour s'épaissir le voile infamant qui les entoure, quelques efforts qu'ils fassent, pour prouver qu'ils ne méritent pas d'en être enveloppés.

Les talens y perdent, en ce que le directeur, une fois trompé, donne quelquefois dans l'excès opposé. Il se méfie de tout ; & attrapé par un nom connu, il se gardera bien d'offrir le moindre sort à un acteur de petite troupe qui lui écrira, & qui peut-être seroit intéressant pour lui. D'où il résulte qu'une foule de talens restent ignorés, faute d'être dans une place avantageuse à leur développement. Car, ne nous abusons pas : tous les bons acteurs ne sont pas dans les grandes villes,

& tous les mauvais ne végetent pas dans les petites.

Tel acteur mugit la tragédie, & raconte la comédie, à raison de six à sept mille francs par an; qui trouveroit son maître dans tel autre sujet obscur, trop heureux de gagner cent louis dans une ville inférieure.

Telle chanteuse est chargée d'or & de *bravo*, pour miauler bêtement des voyelles, qui n'a ni la finesse, ni l'intelligence, ni la douceur de sons, ni la prononciation articulée d'une modeste actrice, réduite à deux cent pistoles dans une moindre troupe.

L'intérêt pécuniaire, même des acteurs, est lézé par les suites de la supercherie dont je viens de parler. Souvent un homme zélé pour le bien de son directeur, & empressé de faire voir son activité pour les plaisirs du public, sort de son emploi, fait des efforts de mémoire, se prête au-delà de ses obligations, pour le bien de la chose. Ces sacrifices méritent une récompense; & il est rare que les directeurs oublient de les reconnoître : mais leurs moyens, resserrés par la perte de cinquante louis, plus ou moins, que leur aura coûté l'*Histrion Pseudonime*, les privent de se livrer à leurs sentimens de gratitude & de bienfaisance. Et forcés de compter avec eux-mêmes, ils paroissent coupables de lézine, lorsqu'ils ne sont qu'affligés d'impuissance numéraire.

Je ne parle point ici des brigues, des cabales, des menées ambitieuses, des jalousies d'emploi, des débutans repoussés, de cette multitude incroyable d'intrigues, qui semblent attachées à la comédie, & nuisent autant aux progrès de l'art, & aux intérêts des comédiens, qu'aux plaisirs de la société. Cet article mérite bien un chapitre particulier, & je ne l'oublierai pas. Mais comme du plus au moins, il n'est pas de *troupaillon* où cet esprit inquiet ne regne, après avoir esquissé les principaux abus dont les grandes villes ont à se plaindre, je passe aux petites troupes.

CHAPITRE II.

Des petites Villes.

IL y a dans le royaume à-peu-près quatre cents villes, en état de soutenir pendant un mois un spectacle, dont la dépense, (*tout compris*) n'excéderoit pas deux mille francs. Il y en a même plusieurs, où l'on trouve de petites salles destinées à cet usage. Cette précaution, qui sembleroit annoncer du goût pour ce genre d'amusement, & être d'un favorable augure pour les comédiens, ne garantit cependant pas toujours leur réussite. Elle est au contraire quelquefois la cause de leur ruine, parce qu'elle n'est que le fruit des spéculations d'un particulier avide, qui se sert de cet amorce pour les attirer dans sa ville, leur faire la loi quand ils y sont, & s'approprier une partie de leurs recettes. Cette regle n'est pas générale; mais il y a des petites villes, où chaque troupe fait construire à ses frais un théâtre, dans un emplacement vuide, & presque consacré à cet usage; & il arrive qu'elles y font très-bien leurs affaires. Cependant je blâmerai toujours ceux qui feront inconsidérément cette dépense, ou qui ne la simplifieront pas le plus possible. Comme il est rare qu'ils puiffent payer d'avance les frais de conftruction, ils fe chargent, avant leur début, d'une dette hypothéquée fur leurs talens, fouvent au-deffous du médiocre; & fur les caprices d'un public peu nombreux, & rarement éclairé, ou, (ce qui eft quelquefois pire) trop connoiffeur.

Une plus grande faute encore que les comédiens commettent dans les villes de cet ordre, c'eft de s'obftiner à y refter trop long-tems. Les endroits mêmes où ils font le plus d'*argent* au commencement, font prefque toujours ceux dont le féjour leur eft le plus fatal ; & cela faute de raifonner.

Excepté un petit nombre de maifons opulentes, mais qui ne fuffifent pas pour le foutien d'un fpectacle, les petites villes ne font habitées que par des bourgeois, dont la fortune eft très-bornée, & par de pauvres artifans. Ceux-ci n'ont ni le goût du fpectacle, ni la faculté d'y aller. Les plus aifés d'entr'eux vont par débauche les dimanches y porter quelques pieces de *douze fols;* c'eft pour eux un effort, & pour les acteurs une trifte reffource.

Les bourgeois, fixés à un modique revenu, fouvent chargés de famille, & ménagers par habitude, comme par raifon, ne peuvent facrifier à leurs menus-plaifirs qu'une fomme très-mince. Ce léger fonds, une fois épuifé, ils renoncent à un superflu, qui retrancheroit de leur néceffaire, & la comédie devient déferte.

Les acteurs, féduits par leurs recettes précédentes, attribuent ce réfroidiffement au caprice du public, ou à l'épuifement de leur *répertoire*; ils fe flattent qu'en *forçant*, par une piece à fracas, ou par une nouveauté de mode, ils rappelleront les fpectateurs. Ils fe mettent à l'étude, répetent, fe tourmentent, végetent pendant quinze jours, pour accoucher d'une repréfentation qui leur produira peut-être *deux cent livres*; & durant cet intervalle ils ont mangé ou fe font endettés de cent piftoles.

Ce premier pas, une fois fait, ils ne favent plus reculer ; & loin d'appercevoir la fauffeté de leur calcul, ils ne font que s'enfoncer davantage dans le bourbier. Tout concourt à les y précipiter. D'abord le plaifir actuel de palper quelques écus dont ils font affamés, leur fait oublier & leur indigence réelle, & les maux qu'ils ont foufferts. Un repas un peu plus abondant qu'à l'ordinaire, quelques applaudiffemens que leur a valu la piece nouvelle, tournent leurs têtes : l'efpérance y renaît ; tout fe peint en beau.

D'un autre côté, chacun a fes petites connoiffances, qu'il feroit fâché de quitter. Un dîner ici, un déjeûner là, un coup de chapeau de *M. le préfident de l'élection*, un compliment de *M. le médecin*,

médecin, un fourire de *madame la baillive*, l'air d'intimité d'un *commis aux aides* : tout cela les flatte, les éblouit, les attache : & leur fait oublier que tôt ou tard il faudra partir; & que dans *le quart-d'heure de Rabelais*, pas un de ces protecteurs ne leur rendra fervice.

Une pefte non moins dangereufe pour eux, c'eft les *demi-connoiffeurs*; car il y a de ces *chenilles-là* partout, & chaque bicoque a fes louftics. C'eft un jeune étudiant en droit, frais émoulu de l'univerfité ; c'eft un commis marchand, qui a fait fon cours de littérature dans quelque comptoir de la capitale; c'eft un gentillâtre oififf, tout glorieux de l'uniforme de milice, qu'il porte de tems en temps à la *proceffion*.

Il eft du ton de tous ces êtres-là, de s'ériger en arbitres des talens, en courtifans des actrices, & par contre-coup en protecteurs du fpectacle. Ont-ils lu dans la gazette le titre d'une piece nouvelle ? ils confeillent aux comédiens de la jouer; leur promettent une affluence extraordinaire, & leur en donnent pour garans les éloges avec lefquels ils fe chargent de l'annoncer à leurs cotteries, & le poids dont leur jugement & leurs lumieres font dans la fociété. Les pauvres acteurs travaillent encore, jeûnent encore, & font une feconde recette de deux cent livres; mais ils doivent un mois de penfion,

B

de loyer, &c. C'est alors qu'il faut, comme on dit, *fondre la cloche*. Ils ouvrent les yeux, mais trop tard. Les créanciers pressent; les fournisseurs crient; les ouvriers talonnent & se plaignent. Il faut partir, ce n'est pas le plus difficile : mais avant il faut payer; c'est la pierre d'achoppement.

Est-ce une troupe de *société?* Elle se dissout. Ceux qui ont des effets les vendent, ou les laissent en gage ; ceux dont la garderobe est légere, & c'est ordinairement le plus grand nombre, partent secrétement, & laissent le nom de comédien en horreur parmi le peuple.

Est-ce un directeur? S'il a des effets, des bijoux, un *magasin*, il faut qu'il s'en dépouille, & qu'il tâche de traîner plus loin sa troupe & ses malheurs. S'il n'a rien, il s'évade, laisse ses acteurs se débattre avec ses créanciers & les leurs, & prépare la réception la plus rebutante à la premiere troupe qui viendra après lui dans cette ville.

On sera surpris que je suppose un directeur n'avoir rien; car l'idée de *direction*, *d'entreprise de spectacle*, fait d'abord naître celle d'un homme en avances, en fonds. Je vais prouver que je ne me trompe pas.

Comme il y a des gens qui se font comédiens, parce qu'ils n'ont point de talens : il y a des comédiens qui se font directeurs, parce qu'ils n'ont ni place, ni argent pour en attendre une. A force de babil, d'intrigues, de promesses, de forfanteries, ils engagent ce qu'ils trouvent, soit d'acteurs prétendus, soit de comédiens réels, & quelquefois passables, qui, sans place depuis long-tems, & ennuyés de ne pas jouer, prennent le parti de *cabotiner* quelque tems, plutôt que de se *rouiller* tout-à-fait; & qui, séduits par les apparences, aiment mieux se restraindre aux foibles honoraires (qu'on leur promet), que d'épuiser le petit fonds qu'ils doivent à leurs épargnes. Ceux-là se trouvent les plus lézés dans les cas pareils à celui que je viens de décrire, parce qu'ayant ordinairement des *malles*, c'est sur eux que les créanciers se vengent de la mauvaise foi, ou de l'impuissance des autres.

Quoi qu'il en soit, ces directeurs, sans ressources, menent où ils peuvent leur troupe informe, &, comme de raison, s'emparent des recettes. Quelques-uns ont assez de bonne foi pour solder leurs acteurs, autant qu'ils le peuvent; & alors s'ils y manquent par impossibilité, on ne peut les accuser que d'imprudence : mais d'autres, moins délicats, préviennent l'échéance de la *quinzaine* ou du *mois*; & partant, avec le produit des représentations, livrent la troupe à la fureur des créanciers, aux outrages de la populace, & à la compassion toujours humiliante des gens désintéressés.

Quelquefois ces débris de troupes se reforment en société ; & après avoir, comme une chandelle prête à s'éteindre, palpité un mois ou deux, finissent par être absolument écrasés & ruinés.

Un homme de la trempe de ceux dont je viens de parler, que toute la comédie connoît, & qui est mort à présent ; après avoir langui six mois à Paris aux dépens d'un de ses anciens camarades retiré, & qui lui faisoit part de son petit avoir, fit une troupe, se munit d'une femme, (car il en faut une) loua un *magasin* à un tailleur *costumier*, se met, *avec madame la directrice*, dans une chaise de poste, arrive dans une ville de province, emprunte, à l'aide de sa marche opulente, & de son insidieuse loquelle, une somme qui lui sert à payer & sa course, & le voyage de ses acteurs.

On fait le répertoire : il y avoit cinq *crispins* dans sa troupe, & pas un *amoureux*. Il quitta son emploi de *pere noble*, pour jouer les *jeunes premiers*. Un de ses *crispins* prit les *peres nobles*, & le *paysan* joua le *premier rôle* ; tout le reste étoit à proportion. On parvint cependant à monter quelques pieces. Le besoin rend industrieux : & après avoir fait huit ou dix recettes, il disparut avec sa *Vénus*. Le costumier fut obligé de plaider pour recouvrer son *magasin*, que les créanciers de la ville avoient saisi ; &

les *crispins*, revinrent à pied, pleurer à Paris leur mal-adresse & leur misere.

On a cependant vu des comédiens qui, se trouvant possesseurs de quelques fonds, ont eu la folie de se faire directeurs de petites troupes; mais jamais on n'en a vu réussir. Tant qu'ils ont de l'argent, ils payent; on les *gruge*, & ils finissent par se trouver réduits à rien, trop heureux s'ils quittent la partie sans faire des dettes. Car après s'être dépouillés de tout, on les accuse encore souvent de mauvaise foi; & qui? leurs acteurs même, artisans de leur ruine.

Ce tableau n'est point flatté; mais je prends tous les comédiens de France à témoins, qu'il n'est pas outré non plus. Or, je laisse à penser quelle horrible influence, de pareils déréglemens ont sur les talens, sur les mœurs, & sur l'opinion publique.

Je ne parle point des comédiens absolument dépourvus de toutes les qualités physiques & morales, nécessaires pour se distinguer dans cette profession. Ceux-là ont toujours la ressource de retourner au métier méchanique, où ils sont nés la plupart, qu'ils ont quitté par ignorance, par paresse, par libertinage, & où il est du bon ordre de les renvoyer.

Mais je ne saurois trop plaindre ceux qui, doués des germes du talent, avec un peu d'éducation, quelques connoissances, & conduits par goût ou par la loi impérieuse de la nécessité, à embrasser le parti du théatre, cherchent à s'exercer dans les petites troupes, en attendant que leurs forces développées leur permettent de prétendre à figurer dans les grandes.

Quel est leur sort ! Joue-t-on gaîment lorsqu'on a l'estomac vuide ? & passe-t-on volontiers la nuit à étudier, quand on est inquiet sur son dîner du lendemain ? Le sentiment de la misere rétrécit les moyens, flétrit l'ame, avilit l'homme à ses propres yeux. Le dégoût de l'étude conduit à l'oisiveté ; l'oisiveté à la débauche : de-là il n'y a plus qu'un pas à la crapule ; & par cette gradation fatale, un sujet qui, peut-être, seroit devenu intéressant pour la société, finit par en être le rebut & l'opprobre.

Les infortunés qui se trouvent dans cette accablante position, quoiqu'avec des principes, quoique partagés d'un fonds d'honnêteté, sont entraînés en dépit d'eux-mêmes à se rendre complices des bassesses de leurs camarades. Ils entrevoyent, ils savent que *tel* ou *tel* se dispose à partir sans payer ce qu'il doit : ils voudroient les en détourner par la voie des remontrances ; mais elles seroient inutiles & mal reçues ; ils auroient envie d'en prévenir les personnes intéressées, pour se mettre au moins à l'abri du soupçon de connivence ; mais outre que la délation répugne à une ame délicate, ils réfléchissent que ceux qu'ils auront dénoncés, deviendront leurs ennemis irréconciliables; & que, forcés peut-être de se trouver ensemble dans une autre occasion, ils leur feront tout le mal possible : que d'ailleurs, il faut également qu'ils sortent de cette ville; que l'avis qu'ils auront donné des mauvais desseins des autres, ne les affranchira pas eux-mêmes de la nécessité de payer ou de se dépouiller, pour laisser des nantissemens. Enfin, que la droiture de leurs intentions ne les exemptera pas du décri général, encouru par la faute des particuliers, & de la méfiance outrageuse attachée à la seule disette d'argent. Ils se taisent donc; & souvent entraînés par l'espoir de l'impunité, par le desir assez naturel de conserver leur petite garderobe, leur seule ressource, par le mauvais exemple, & les conseils: ils se déterminent à faire eux-mêmes ce qu'ils condamnent dans les autres.

Disons tout : ces désordres, malheureusement trop répétés, ne tiennent pas seulement à l'imprudence ou à la mauvaise foi des comédiens *de campagne*. La faute en est en partie aux magistrats de ces petites villes, qui, jaloux de se procurer le plaisir du spectacle, dont ils jouissent ordinairement *gratis*, en vertu des droits réels ou prétendus attachés à leurs places : engagent les comédiens à s'y établir, ou le leur permettent trop légèrement, fans leur faire envifager le peu de reffources qu'ils trouveront : & n'ont pas le foin de veiller à leur conduite, & de les faire partir dès qu'ils s'apperçoivent que la diminution du produit nécefſite les dettes. Ceci n'eſt pas fans de nombreufes exceptions; mais il y a bien des cas où ce reproche eſt fondé. Tous ces maux font-ils irrémédiables? C'eſt ce que je ne crois pas, & que j'établirai dans la feconde partie de cet ouvrage. Faifons un tour dans les bourgades & les très-petites villes.

CHAPITRE III.

Des Bourgs & des Charlatans.

CHOSE révoltante! C'est dans ces champêtres asyles, séjour de l'innocence & de la candeur, que se commettent, sous le nom de la comédie, les excès les plus condamnables, les bassesses les plus avilissantes.

Qu'on ne soit pas surpris de me voir placer ici le nom de *charlatans* à côté de celui de comédiens. Je conçois tout ce que ce rapprochement a de répugnant & de disparate; mais on me le pardonnera, quand j'aurai fait voir que c'est à cette *vermine* qu'est due l'espece d'horreur attachée au nom de comédien, dans l'esprit de la classe nombreuse du bas-peuple.

Ces imposteurs, dont l'opulence est fondée sur l'aveugle bonhommie du campagnard, n'ont, en général, ni naissance, ni éducation, ni science, ni frein, ni pudeur. Ils fourmillent dans les *petits endroits*, & calculent leurs produits en raison du nombre de dupes, qu'une dangereuse tolérance livre à leur inhumaine rapacité; rien n'est sacré pour eux: il semble qu'ils fassent vœu lorsqu'ils embrassent cette profession assassine, de ruiner leurs victimes, en même-tems qu'ils les empoisonnent; & de renverser tout-à-la-fois la santé des citoyens, les talens & les mœurs. D'abord ils ne s'exposoient que dans les places publiques. Là, sur des trétaux, ils donnoient *gratis* les sales représentations de leurs *farces*. Ce dégoûtant spectacle ne laissoit pas que d'amuser une populace grossiere, ignorante & crédule : & moitié conviction, moitié complaisance, l'on achetoit de leurs drogues.

Bientôt, la table, toujours garnie du charlatan, a semblé une ressource à quelques-uns de ces rebuts de la comédie, dont j'ai parlé dans le chapitre précédent. Ils se sont offerts ; & comme ils savoient à-peu-près lire, on les a regardé comme des *virtuoses*. Leur ambition de briller parmi des sots ; l'envie de jouer de grands rôles dans des pieces où ils avoient fait les *accessoires*, a fait conseiller *au chef de la bande* de monter ces pieces ; & les *Voltaire*, les *Regnard*, ont été mutilés, tronqués, aboyés dans tous les carrefours de village.

Dès-lors, ces grotesques automates se sont crus des acteurs. Le chef, toujours alerte sur ses intérêts, & glorieux de faire tambouriner *Zaïre* & les *Folies amoureuses*, a pensé que le public, machinalement épris de ces chefs-d'œuvres défigurés, & jusques-là inconnus pour lui, payeroit volontiers pour les voir. Il a restraint *l'échafaud* du marché au genre des parades, & a fait construire dans une écurie un fragile plancher, destiné à la représentation des pieces écrites.

Là, le rustique amateur consacroit volontiers six sols, pour figurer aux premieres loges, dans la *mangeoire*.

Là, dans un palais décoré de *rideaux de lit* & de *couvertures*, *Paillasse* devenoit *Orosmane*, à l'aide du *cotillon* d'une servante de cabaret, qui faisoit une *culotte à la turque*; de la robe de chambre huileuse du procureur-fiscal, transformée en *Doliman*; & d'un *turban*, composé du *fichu* de la cabaretiere, artistement chiffonné sur le bonnet crasseux, & jadis rouge, du garçon d'écurie.

Dans tout ceci, l'homme indifférent ne trouve qu'à rire; voici le vilain côté, celui qui intéresse l'honneur du corps dramatique.

Outre l'avilissement de l'art, & les outrages faits au génie, la vie civile de ces *baladins* imprime dans le peuple un mépris absolu pour les comédiens, dont ils usurpent le titre. Le savetier se croit infiniment au-dessus de *Nérestan*, qu'il pense honorer en lui payant *à boire*; *Maritorne* en veut à la princesse, qui lui a taché son *casaquin*. Le directeur est presque toujours un crapuleux; ses dignes acteurs suivent son exemple; on s'enivre, on se dispute, on se bat, on se reproche mutuellement de dures vérités; & le public, témoin de ces scenes indécentes, finit, avec raison, par regarder le *trou-*

paillon comme un *ramaſſis* de *gredins* & de *coureuſes*, & conclut que tous les comédiens ſont de mauvais ſujets, & des hommes faits pour être le rebut de l'univers.

Dans ſon enthouſiaſme d'indignation, il confond, ſous le nom de *comédiens*, tous les vagabonds qui viennent mendier ſon argent, ſous prétexte de l'amuſer. Les ſauteurs des rues, les joueurs de marionnettes, les eſcamoteurs, les montreurs de *lanterne magique*, les conducteurs d'animaux, les marchands de chanſons, tout eſt comédien dans les villages.

Le payſan, imbu de ce principe, vient au marché dans la ville voiſine, où la nouvelle du jour eſt l'évaſion furtive d'un comédien; il la recueille, la reporte à ſes voiſins, après avoir raconté ce qu'il a vu chez lui ; c'eſt ainſi que la réputation ſe détruit, que l'averſion ſe propage, & que les vrais artiſtes ſont avilis par la conduite honteuſe de leurs mépriſables ſinges.

Je ne parle point de ces hommes proſcrits de toutes les troupes, par leur inſuffiſance ou leur inconduite, ou leur mauvais caractere, & qui ſe raſſemblent deux ou trois, pour aller de *bicoque* en *bicoque* renouveller toutes ces horreurs. Il eſt cependant vrai qu'il y en a aujourd'hui plus que jamais ; & que comme ils ont été vraiment en troupe de comédie, & qu'ils ne ceſſent de le dire, plus ils le répetent, plus ils en confervent de marques, & plus ils dégradent l'état. Il en eſt un connu de toute la comédie & de toute la province, qui voyageoit avec une femme & un garçon de huit à dix ans. Cet homme, qui jadis avoit joué les premiers rôles, faiſoit ſpectacle avec ſa chaſte épouſe, & il n'y avoit pas de piece, ſi compliquée, ſi nombreuſe qu'elle fût, qu'ils n'euſſent l'art de réduire à deux acteurs. Pendant qu'ils ſe livroient à cet inſipide travail, leur enfant alloit aux portes, dans les cabarets, dans les châteaux circonvoiſins, mettre à contribution la charité de qui vouloit l'entendre; & pour mieux émouvoir la pitié, ſe diſoit fils d'un fameux *comédien*, réduit à la mendicité. S'il revenoit les mains vuides, il étoit maltraité. S'il rapportoit beaucoup, on l'accueilloit; & de concert avec ſes commettans, tous trois noyoient dans le vin & les liqueurs fortes, leur fatigue & leur infamie.

Arrêtons-nous ici. Je n'ai pu me diſpenſer de laiſſer entrevoir une partie de ces abominations, pour faire ſentir la néceſſité d'y remédier. Mais comme leur immenſe détail m'entraîneroit trop loin: il vaut mieux les couvrir du voile du ſilence & de l'oubli, que de s'appeſantir ſur des objets, dont on eſt, pour ainſi dire, honteux d'être inſtruit.

CHAPITRE IV.

Des troupes de Société.

REVENONS aux acteurs qui jouent vraiment la comédie; abstraction faite du plus ou moins de talens. On ne peut la jouer seul. Il faut la réunion de plusieurs personnes des deux sexes, dont chacune se soit exercée dans l'emploi qu'elle a adopté. C'est de cette combinaison que résulte, ce qu'on appelle une *troupe*. Il est aisé de sentir que le discernement & le goût doivent présider à la formation de cet assemblage, & que c'est le chef-d'œuvre de l'intelligence d'un directeur. Cependant il y a des troupes sans directeurs. Les chûtes fréquentes ont corrigé bien des gens de se charger de la direction d'une petite ville; les spectacles dans les villes, du premier & du second ordre, sont des établissemens fixes; mais fort souvent celles du troisieme ordre sont vacantes, sans que personne se hasarde à faire les frais d'une entreprise.

Les comédiens sont malheureusement si nombreux, que chaque année, à Pâques, il s'en trouve deux ou trois cents, peut-être plus, sans place, & sans espoir d'en obtenir pendant la campagne. Cependant il faut vivre ; & l'on ne peut, ou l'on ne veut pas quitter le théatre.

On cherche alors à former des *sociétés*, c'est-à-dire, des troupes, où chaque acteur & actrice est en même-tems directeur, & où les frais se font en commun, & les recettes se partagent. Il y a même des esprits remuans qui préferent ce genre de vie anarchique & incertain, à la solidité des appointemens d'une troupe réglée, où l'on est forcé de faire son devoir. L'indépendance, ou plutôt le partage de l'autorité, flatte leur amour propre, & met à l'aise leur génie turbulent. Aussi voit-on que les plus grands partisans des *sociétés* sont presque toujours la cause de leur dissolution. Il en est d'autres qui, moyennant un peu de *comptant* qu'ils possedent, une espece de *magasin*, & beaucoup d'esprit d'intrigue, se rendent nécessaires aux autres, leur prêtent quelques petites sommes, par le moyen desquelles ils se les lient, & se font nommer *régisseurs* de la société. L'indolence assez ordinaire à la *gent comique*, sur-tout en matiere d'intérêt, engage les sociétaires à se décharger sur ce représentant de tous les objets de détails, des marchés, des voyages, des frais, &c.&c. L'homme adroit arrange ses comptes, de maniere à n'y pas perdre, & se trouve souvent dans l'aisance, tandis que ses camarades n'ont pas de pain.

Dans tous les cas, les troupes de société sont rarement bien composées ; pourvu que le nom de chaque emploi se trouve rempli ; c'est à-peu-près tout ce que l'on exige. On se croit *complets*, on part en assurance ; & le premier *répertoire* est le prélude du trouble qui régnera dans la troupe, tant qu'elle pourra rester réunie.

Ce vice radical dans la formation, & inhérent à la masse, nuit nécessairement au succès, & par conséquent au produit ; mais son influence destructive reçoit bien une autre force de la part des individus.

Chacun veut commander, parce que, dans le fait, il en a le pouvoir. Mais les esprits trop fougueux pour se concilier, trop altiers pour rien relâcher de leurs prétentions, ont chacun une façon de voir, une volonté propre, un but personnel ; de sorte que tous les avis se croisant, sans pouvoir jamais produire une délibération collective & raisonnée, on ne fait jamais ni ce qu'on veut, ni ce qu'on fait : on finit par vouloir mal, par faire pire, & la troupe s'éteignant, faute d'ordre & de régime ; porte aux talens, comme à la confiance, des coups aussi funestes, que les petites directions dont j'ai parlé.

Comment cela pourroit-il être autrement ? Personne ne peut dire, *je veux*, parce que tous ont droit de de le dire. Propofe-t-on de monter une bonne piece qui rapporteroit beaucoup ? Celui qui en a fait la propofition, & qui, fans doute, y a un bon rôle; eft contre-quarré par fon affocié, qui ne fe foucie pas d'y jouer, & qui en propofe à fon tour une qui lui plaît : & que l'autre rejette par le même motif. Les femmes ont voix au *confeil*; &, comme on peut croire, ne laiffent pas prefcrire leurs droits : aucune d'elles ne confentira à jouer dans une piece où celle qui la demande aura un rôle tranchant ; & il eft exactement vrai, que bien des acteurs & actrices de province, même dans le plus grand befoin d'argent, aimeroient mieux renoncer à une part de *deux louis* bien affurés, que de céder un rôle qui leur plaît, ou de fe prêter à en jouer un qui fera briller leurs camarades

Je fais bien que ceci a l'air d'un *paradoxe*; car enfin il fembleroit naturel que chacun, ayant fon intérêt particulier à faire le bien général, s'empreffât d'y concourir. Mais que l'on faffe attention que la *gloriole* & la foif des applaudiffemens excluent tout autre fentiment dans la plupart des comédiens; & que fi dans d'autres états, l'égoïfme renverfe les idées : il doit exercer un empire bien plus defpotique fur des têtes exaltées, infatuées de leur mérite, & qui n'ont d'autres loix que celles du caprice & de la jaloufie.

Les chûtes des troupes, les querelles indécentes,

les banqueroutes, fuite néceffaire de ces principes vicieux, rentrent dans la claffe des abus que j'ai détaillés : & atteftent de plus en plus le befoin de faire une réforme, & d'établir une adminiftration, qui affure aux citoyens leurs plaifirs & leur argent; aux artiftes, le fruit de leurs travaux ; aux comédiens *poftiches*, l'exclufion d'un titre qu'ils diffament : & à la vraie comédie, la part qu'elle a droit de prétendre à la confidération publique.

CHAPITRE V.

Des reproches à faire aux Comédiens en général.

LES comédiens, (je parle des gens à talens, & ne m'occuperai plus de ceux qui en font dépourvus, que pour montrer la maniere de s'en débarrasser.) Les comédiens, dis-je, sont, en général, aimables en société. Ils y portent la gaîté, l'esprit, le goût des beaux-arts. Aussi, dans plusieurs villes, les amateurs, les gens du premier rang & du meilleur ton, s'empressent à leur rendre, en particulier, le plaisir qu'ils en ont reçu, lorsqu'ils étoient sur la scene : on les admet dans la bonne compagnie, on les fête, & leur sort seroit vraiment heureux & digne d'envie, si tous se rendoient aussi recommandables par leur conduite, qu'ils le sont par leurs connoissances, & par les charmes de leur conversation. Mais, faut-il le dire ! Combien se montrent indignes des bontés qu'on se plaît à leur prodiguer, & se réduisent, par leur faute, à n'être estimés que sur *les planches* ! Les honnêtes gens, les personnes en dignités qui se font fait un plaisir de donner place à leur table à un acteur ou à une actrice, ne les banniront-ils pas de leur préfence, ne rougiront-ils pas d'en avoir tant fait ; s'ils fe voient forcés de reconnoître en eux un joueur, un tapageur, un perturbateur du repos, un emprunteur de mauvaife foi, ou une Meffaline ?

Il y a dans la comédie nombre de perfonnes vraiment refpectables, qui font leur état avec autant de droiture & de pureté d'intention, qu'ils rempliroient toute autre fonction dans l'ordre civil. Des hommes laborieux, inftruits, remplis d'honneur & de délicateffe, bons peres, bons maris, bons citoyens. Des femmes vertueufes, meres fenfibles, époufes fideles. Il en eft, & je le répete avec plaifir, avec attendriffement ; il en eft beaucoup.

Mais auffi que de faquins, que de *grecs*, que de *laïs ! Ce ne font pas nos mœurs que le directeur paye*, vous difent-ils, *ce font nos talens*. Hommes vils ! vous vous méfeftimez donc affez, pour vous mettre de niveau avec le finge dont on s'amufe, mais qu'il faut tenir enchaîné, pour fe garantir de fa malice ? Calculez mieux : avec plus de décence, & un peu moins de talens ; le public, qui vous eftimera, vous verra avec plus de plaifir, vous applaudira plus *cordialement*. Le directeur n'y perdra rien, & vous y gagnerez tout.

Il femble, dira quelqu'un de ces incorrigibles, *que vous prétendiez nous régenter, & faire un féminaire d'une troupe de comédie. La comédie est un état libre, & chacun doit y vivre à sa fantaisie.*

Alte-là ; *la comédie est un état libre*, oui, & peut-être trop libre : & comme c'est par l'abus de cette liberté qu'il cesse d'être honnête, c'est aussi en en resserrant les limites, qu'il méritera de rentrer dans l'ordre de tous les états qui composent l'harmonie sociale ; &, pour cela, il ne faut pas vivre tellement à sa fantaisie, qu'on perde de vue ce qu'on doit au public, à ses camarades & à soi-même, quand on sait se respecter.

Au reste, ma mission n'est pas de faire un traité de morale. Prouver que la comédie doit & peut être une profession honnête, faire voir les raisons qui s'opposent à cet heureux changement, trouver les moyens d'y remédier, voilà mon but. J'ai parlé des torts des comédiens envers le public : jettons un coup-d'œil sur ceux qu'ils ont les uns envers les autres.

L'amour du plaisir, qui nuit à l'étude, & fait tort aux intérêts du directeur ; l'envie, la jalousie, l'ambition des rôles, les brigues, les cabales, les menées sourdes qui empêchent de monter les pieces, ou en retardent la représentation ; les feintes maladies, pour priver un camarade de jouer tel ou tel rôle ; un *bon jour* ; la négligence des répétitions ; la froideur à la scene ; l'air d'humeur ou d'absence, qui ôte l'intérêt ; & mille autres petits moyens qui nuifent au fervice, aux recettes & aux progrès des talens. Bien des auteurs ont écrit fur l'art de la *déclamation*; aucun n'a parlé de ce que je dis là ; c'eft qu'ils n'ont pas fait attention qu'un acteur mal monté deffert infiniment fon interlocuteur, & le déroute fouvent, quelque fermeté qu'il ait.

Je crois que tous les comédiens de bonne foi conviendront que je parle en *connoiffeur*; qu'ils ne m'en veulent pas de ce que je dévoile leurs petits fecrets ; c'eft pour leur propre avantage ; c'eft par l'eftime que je fais d'eux & de leur art. Si je l'aimois moins, je ne me ferois pas donné la peine d'y voir fi clair.

CHAPITRE VI.

Des Directeurs.

JE ne parle point de ceux qui entreprennent de former des troupes, sans privilége & sans argent; ceux-là ne doivent absolument pas exister; & dans quelqu'état que ce soit: on ne peut que blâmer un homme qui contracte de grandes obligations, avant que de s'assurer les moyens de les remplir. Il est ici question de ceux qui sont munis de bons priviléges, & suffisamment garnis de fonds, pour en supporter les frais. Chargés de la confiance du public, ils deviennent les dispensateurs de ses plaisirs, & les dépositaires des sommes destinées à récompenser les talens, & à les encourager.

On ne se fait pas d'idée, (quand on ne connoît pas l'intérieur de la *machine comique*) des soins qu'entraîne cette place, de l'importance de ses fonctions, & des qualités qu'elle exige. Un homme qui se charge d'une pareille entreprise, n'y voit souvent qu'un moyen de fortune; & rassuré par la *rotondité* de sa caisse, & par la certitude des produits dans une grande ville, où le spectacle est toujours suivi: il jouit d'avance de l'accroissement de ses fonds, s'enivre du plaisir de commander, &, se croyant un petit *miniſtre*, traite le public comme ſon débiteur, & les comédiens comme des eſclaves.

Cependant c'eſt le public qui l'enrichit, & ce ſont les acteurs qui font venir les recettes. Les ſpectateurs, dégoûtés de ne point voir de variété dans le *répertoire*, de deſirer inutilement les nouveautés, ou de les voir meſquinement montees, prennent de l'humeur, ſe réfroidiſſent ; & ne pouvant faire ſentir leur indignation au directeur, Etre inviſible ſur la ſcene : ils ſe vengent ſur les comédiens, qui, de leur côté, victimes innocentes de l'ineptie & de l'avidité de l'entrepreneur, rebutés par ſa morgue financiere ; perdent le goût du travail, & ſe croyent diſpenſés de rien faire pour un homme qui ne fait rien pour eux. Il s'en ſuit de-là, que dans une troupe qui ſera même bien compoſée : le ſpectacle deviendra monotone, froid, traînant, & finira par être mauvais.

Il faut donc que le directeur ſoit l'ami de ſes penſionnaires ; qu'il les regarde comme ſes égaux, parce qu'ils le ſont ; qu'il les traite en camarades ; qu'exempt de partialité, il ferme l'oreille aux rapports, aux adulations, aux petites menées, par leſquelles un acteur veut quelquefois en ſupplanter un autre ; qu'avec une honnête fermeté, mais ſans hauteur & ſans colere, il ne ſouffre point de relâchement dans le ſervice ; qu'il entretienne l'émulation & l'habitude du travail & de l'étude, en s'occupant toujours de monter quelque chofe de *neuf*; qu'il releve avec douceur la négligence; & qu'il ne laiffe point le zele & l'activité fans récompenfe. Alors, les mémoires feront toujours en haleine; les génies fe déploieront; les organes s'exerceront; l'art recevra des accroiffemens utiles & glorieux; le public fatisfait s'empreffera de couronner les talens. Le directeur augmentera & affurera fon bien-être; & les acteurs encouragés ne négligeront rien pour le fuccès d'une entreprife, où ils trouveront l'aifance phyfique, les douceurs de la fociété, & l'avantage (fi flatteur) de faire leur réputation.

CHAPITRE VII.

Des Pensionnaires.

DANS quelque position que se trouvent les hommes ; les besoins des uns, les facultés des autres, les rendent réciproquement dépendans & nécessaires. C'est de ce rapprochement *corrélatif*, de ce concours mutuel des individus, que naît l'harmonie générale. L'engrènement des rouages produit le mouvement de la machine ; & les petits contingens, que chaque particulier fournit à la masse, forment la chaîne précieuse qui réunit tout le corps social.

Ce que chaque classe doit coputativement à l'ordre universel, chaque membre le doit ; selon ses moyens, à la classe dont il fait partie. Il n'est point d'état, où l'on ne doive appliquer ce principe, puisé dans la nature, & dicté par la raison.

Si les directeurs ont donc des obligations envers leurs pensionnaires, ceux-ci n'en ont pas moins envers leurs directeurs, & envers leurs camarades. L'oubli de ce devoir produit quelquefois bien des maux.

Un entrepreneur qui se trouve engagé à payer, dans le cours de l'année, une somme très-considérable pour les appointemens de ses acteurs ; qui s'est dépouillé d'une partie de ſes deniers pour leur faire des *avances*; qui s'eſt conſtitué dans des frais énormes pour leurs voyages, & le port de leur nombreux équipage ; n'a-t-il pas lieu d'eſpérer qu'ils mettront tous leurs ſoins & leurs efforts à ſeconder ſon entrepriſe, & qu'ils auront aſſez de probité ponr ne ſe pas mettre dans le cas qu'il regrette les honoraires qu'il s'eſt obligé de leur compter, & dont ils ſont loin de lui faire grace ? Cependant les choſes ne vont pas toujours ainſi. L'on voit à la comédie des hommes délicats & honnêtes, qui, par leur zele actif, leur travail infatigable, le *liant* de de leur caractere, leur facilité à ſe prêter au bien général, à relâcher même de leurs droits en ſa faveur ; méritent toute l'eſtime & la reconnoiſſance de leur directeur, & la bienveillance du public. Mais auſſi combien n'en voit on pas qui, bouffis de leur mérite, quelquefois réel, quelquefois douteux ; croyent encore faire grace, lorſqu'ils veulent bien remplir une partie de leurs devoirs ? L'orgueil eſt leur dieu ; leur guide le caprice. N'ont-ils eu qu'un médiocre ſuccès dans un rôle où ils s'attendoient de briller, & que, peut-être, ils n'avoient point aſſez *travaillé* ? tout devient l'objet de leur vengeance ; ils s'en prennent aux ſpectateurs, qu'ils accuſent d'ignorance ; & par les propos indécens qu'ils haſardent, & qui ne manquent pas d'être répandus & envenimés ; aigriſſent les eſprits, éloignent le public justement irrité, occasionnent au directeur une diminution de recette ; & préparent des désagrémens même à leurs camarades, que le parterre échauffé sacrifie à sa colere & à sa vengeance. Croyent-ils avoir à se plaindre de l'entrepreneur qui leur aura fait des réprimandes bien fondées ? Veulent-ils nuire à quelqu'un de leurs confreres, dont le caractere ne se concilie pas avec le leur, ou dont les talens les éclipsent ? On ne fait pas un *répertoire*, qu'ils n'y portent le trouble & le désordre. Ils s'opposent à tout, refusent tout, seront trois mois à *monter* un rôle, & auront toujours quelques maladies de *commande*, pour éluder la représentation d'une piece qui ne leur plaît pas ; dans laquelle leur rival auroit des succès, ou dont le produit seroit avantageux à la direction.

Dois-je omettre les cabales, les propos de *café*, les billets donnés pour faire siffler, les divisions intestines fomentées, les petites séditions qui, détruisant l'union de la troupe, nuisent au travail, à l'ensemble du jeu, & portent de fatales atteintes, à l'intérêt du directeur, aux progrès des talens, & à l'amusement de la ville ?

Le public rit quelquefois de ces petites guerres civiles ; mais plus il en rit, plus on doit être persuadé du peu de cas qu'il fait de leurs auteurs : & son insouciance est l'ouvrage du mépris dont il couvre indistinctement tous les comédiens : enveloppant sous le poids de son indignation les acteurs tranquilles, avec les brouillons, qui, payés pour s'occuper de ses plaisirs, le respectent assez peu pour lui faire essuyer leurs vertiges, & sacrifient ainsi leurs camarades.

Tels sont en gros les reproches que l'on peut faire aux comédiens pensionnaires, en général, & dont l'application est commune aux deux sexes. Il me reste cependant à dire aux actrices quelque chose qui ne regarde qu'elles, & qui mérite bien un petit chapitre particulier.

CHAPITRE VIII.

Des Actrices & des femmes de Théatres.

Vous êtes bien aimables, mesdames ! Tout en vous est fait pour nous séduire. Figures charmantes, gestes gracieux, organes flatteurs, jeu séduisant, voix harmonieuses, pas vifs & voluptueux, esprit, enjouement, finesse, sentiment, vous ne laissez rien à desirer : & magiciennes sublimes, ou sirenes enchanteresses, ou nymphes légeres & folâtres : vous triomphez de nos cœurs, en même-temps que vous ravissez nos ames. & que vous enchantez nos sens. Mais cet empire, que la nature donne à votre sexe sur le nôtre, & dont vos talens augmentent le pouvoir, n'en abusez-vous jamais ? La décence & la pudeur président-elles toujours à la maniere dont vous percevez le tribut de nos hommages ?

Je ne veux point fouiller dans les annales galantes du théatre. Quelques anecdotes scandaleuses qu'on y trouveroit, révolteroient votre délicatesse. Vous voulez être respectées, vous avez raison ; & en général, vous méritez de l'être. Mais je crois que vous ne veillez point assez à ce que, dans le particulier, quelques imprudentes ne se couvrent d'une turpitude qui réjaillit sur vous toutes.

Vous me direz que les fautes font perfonnelles, & que les femmes de théatre ne font pas les feules à qui l'on puiffe reprocher quelque négligence fur le foin de leur réputation. De tout cela, j'en fuis d'accord avec vous, mais feulement jufqu'à un certain point.

Dans toutes les claffes, on trouve des femmes, que l'ardeur des paffions entraîne à l'oubli de leurs devoirs. C'eft pour celles-là que le déshonneur eft perfonnel. Le poids de la honte ne tombe que fur la coupable; & fi le farcafme indifcret fe plaît à s'égayer aux dépens du fexe en général; les femmes, exemptes de blâme, en font bien vengées; par la tendre vénération de tous ceux qui favent penfer : & par le refpect, que même les mauvais plaifans ne peuvent leur refufer.

Les fautes d'une femme, dans l'état civil & ordinaire, ne s'étendent donc pas plus loin qu'elle. Le ridicule fantôme, dont on fait la guerre à fon mari, ne porte point coup à l'honneur de ceux qui profeffent le même état dans le monde. Chacun y eft pour foi.

Ce n'eft pas de même au théatre. Le public malin, fe plaît à étendre fur tout le corps la tache qui ne devoit s'imprimer que fur un feul membre. Attentif fur la conduite de ceux qui l'intéreffent, d'autant plus qu'ils lui plaifent davantage; il eft fâché de ne pouvoir les eftimer autant qu'il les applaudit.

Les femmes, dont les yeux font toujours ouverts fur les défauts des perfonnes de leur fexe, foit par *efprit de corps*, foit par jaloufie pour une actrice, dont les attraits fixent les regards de tous les hommes: ne laiffent rien échapper de ce qui peut fervir à l'humilier; & font peut-être bien-aifes de venger fur fa réputation leurs charmes obfcurcis.

Vous voyez, mefdames, que je vous parle en ami. Je ne m'érige point en moralifte févere, en prédicateur monotone. Je vous fais feulement fouvenir de ce que, placées par votre état en vue de tout le monde, vous vous devez à vous-même & à vos camarades. Je vous rappelle les moyens de pouvoir braver des rivales dangereufes, & quelquefois puiffantes : & de mériter l'eftime des honnêtes gens, dont vos talens vous affurent les fuffrages.

CHAPITRE

CHAPITRE IX.

Des torts du Public envers les Comédiens.

COMME je n'ai point ménagé les comédiens, je me crois en droit de repréfenter au public, qu'il a bien auffi quelques torts à leur égard, & que, s'il étoit toujours jufte, les mœurs des acteurs feroient peut-être plus pures, les talens mieux cultivés, & le théatre mieux fervi. Les gens du bon ton, & ceux qui veulent en être, affectent de fe diftinguer du *peuple*. En conféquence, on a l'air de faire grand cas des comédiens; on les admet chez foi par *ton*, par *étiquette*, pour faire voir qu'on eft amateur des beaux arts. Les eftime-t-on fonciérement ? C'eft ce que je ne crois pas. Bien peu de gens les admettent avec une vraie & franche cordialité, & parmi ceux qui fe font gloire de fe montrer en public avec un homme à talens, ou de l'avoir à leur table; beaucoup les dédaignent *in petto*.

Je ferois volontiers une queftion à ces hommes inconféquens, qui foufflent le froid & le chaud, trahiffent leur confcience, & facrifient leurs vrais fentimens au puérile plaifir de paffer pour *amateurs*. Je leur demanderois : que méprifez-vous ? Eft-ce la comédie, ou le comédien ? Si c'eſt le comédien, pourquoi vous gêner ? Qui vous force à contrarier votre goût, & à voir un homme qui vous répugne ? Il n'a pas beſoin de votre dîner. Son travail lui aſſure le néceſſaire. Jouiſſez au ſpectacle du plaiſir que vous procurent ſes talens, & ne troublez point ſon repos par des *demi-complaiſances*, des égards forcés, qui l'humilient au lieu de le flatter.

Mais cet acteur a de la conduite, de l'éducation, de l'honnêteté ; & ſi ce n'étoit ſon état.... Arrêtez. S'il a toutes les qualités que vous venez de dire, avouez de bonne foi que l'honnête homme eſt honnête homme par-tout. Ne craignez pas de le mettre de pair avec vous ; il n'en abuſera pas : faites-en votre ami, & ne rougiſſez pas d'être celui d'un honnête homme : s'il ne l'eſt pas, qu'aucun motif ne vous détermine à le tirer de ſa fange. Eloignez-le de chez vous, comme vous en baniriez tout homme, de quelqu'état qu'il fût, que le déſordre de ſes mœurs condamne à l'excluſion de la ſociété.

Eſt-ce ſa profeſſion qui excite votre dédain ? Eſt-ce la comédie ? Pourquoi donc y allez-vous, ſi vous la croyez condamnable ? *On ne peut gueres ſe diſpenſer d'y aller*, me répondrez-vous. *Les ſpectacles ſont les rendez-vous de tous les honnêtes gens, qui viennent y prendre une récréation quelquefois néceſſaire, ſouvent utile, & toujours raiſonnable....*

On ne réfléchit pas assez combien ce dédain qui maîtrise, pour ainsi dire, en dépit d'eux-mêmes, nombre de gens, d'ailleurs passionnés pour la comédie ; & dont ils ont peine à se rendre compte : est préjudiciable aux mœurs & aux succès des comédiens. L'homme, fonciérement honnête, ne s'écarte point des loix de la probité & de la décence. Leur infraction répugneroit à sa façon de penser ; il se conduit bien pour sa propre satisfaction ; & méprisant à son tour l'aveuglement d'un public injuste, il se renferme en lui-même, & jouit obscurément, mais en paix, du témoignage de sa conscience. Cependant, l'amour-propre, qui devient une vertu, lorsqu'il tend au bien : offensé dans ce qu'il a de plus délicat, je dirois même de plus respectable : lui fait regarder, avec une sorte de supériorité, nombre de personnes qu'il vaut par la conduite, quelquefois par la naissance, & qu'il surpasse par les connoissances & les talens.

Pourvu qu'il sache bien ses rôles, qu'il ne manque ni au *costume*, ni à *l'ensemble de la scene*; il se croit quitte envers un public, qui ne voit en lui qu'un être curieux & amusant : & se dispense de faire certains efforts pour une foule d'hommes exigeans qui ne veulent pas faire en sa faveur celui de raisonner, & de lui accorder la part qu'il a droit de prétendre à leur estime.

L'acteur, vicieux par caractere, convaincu que le changement de sa conduite ne lui attirera pas plus de considération dans l'esprit de la multitude, se livre à ses penchans, & se dit à lui-même : *Pourquoi me gêner ? Il n'en sera ni plus ni moins. J'ai du talent, c'est tout ce qu'on exige de moi. On m'applaudit, c'est tout ce que je veux. Du reste, que je me conduise bien ou mal, on me traitera toujours, hors de la scene, comme un comédien, c'est-à-dire, comme un homme sans conséquence, à qui tout est permis, indifférent à la société qui le rebute ; & que le grand nombre regarde comme incapable de l'édifier, parce qu'il l'amuse ; ne nous contraignons pas ;* & il se laisse entraîner à l'impétuosité de ses passions.

C'est donc à cette absurde insouciance, avec laquelle on abandonne les comédiens à eux-mêmes, qu'est dû le relâchement de leur conduite. Croyez-les susceptibles de vertus, ils en auront. Tenez-leur compte de celles que vous leur trouverez, vous rendrez des citoyens à la patrie ; vous aurez la douce satisfaction de les applaudir de cœur comme d'esprit, & vous ne tomberez plus dans la ridicule inconséquence de desirer, de couronner sur la scene des hommes que vous fuyez dans la rue.

Une injustice non moins criante, & qui prend sa source dans ce mépris que l'on a pour les comédiens, c'est l'extrême licence avec laquelle on se permet de les humilier, de les fiffler, de les *huer*, souvent par caprice, & en dépit de la raifon, comme du bon ordre.

Cette odieufe maniere de témoigner le mécontentement, a pris fon origine dans le *cirque* de Rome. Là, je ne la trouve ni extraordinaire, ni déplacée. La licence ne pouvoit être qu'extrême, dans une affemblée de plufieurs milliers d'hommes groffiers & turbulens, que réuniffoit le dégoutant fpectacle des gladiateurs, ou d'un combat de bêtes féroces. Le barbare plaifir, que les femmes même goûtoient à voir couler le fang des uns & des autres; l'atrocité révoltante avec laquelle, d'un feul gefte, elles condamnoient à mort *tel* ou *tel gladiateur*, témoignent tout-à-la-fois le mépris que l'on faifoit d'eux, & la rudeffe des mœurs & du caractere de ce peuple *vanté*. Des clameurs tumultueufes accompagnoient le vainqueur; les *huées*, les injures, les fifflets, étoient réfervés à celui que fes forces trahiffoient, qui manquoit d'adreffe, ou qui ne montroit pas affez de courage. Dans tout cela, point de difparate. Tels acteurs, tels fpectateurs, tels moyens d'exprimer le mécontentement ou la fatisfaction. Que l'on en conferve l'ufage dans ces lieux infects, où certaines gens fe plaifent encore à voir de miférables chiens s'entregorger, & déchirer les oreilles d'un *ours* fans défenfe; je n'ai rien à dire. Tout doit fe reffentir du genre du fpectacle , & du génie des fpectateurs ; dont le plus grand nombre eft ordinairement compofé de *bouchers* & de leurs *dogues*.

Mais que dans des fpectacles où l'on ne repréfente que des ouvrages d'efprit, faits pour adoucir & civilifer les mœurs, chez une nation qui paffe pour la plus polie, & qui fait gloire de chérir les beaux-arts, & d'honorer les artiftes; que dans des affemblées, dont la majeure partie eft compofée de gens en place & de femmes honnêtes, douces & tranquilles : que dans ces lieux, dis-je, fans égard pour le rang des uns, pour la délicateffe des autres, pour le refpect qu'on doit à tous, au mépris de la politeffe & de la galanterie françoife, on fe permette des écarts infolens, & des rumeurs allarmantes; c'eft ce que je ne puis concevoir ni pardonner.

Je fais bien quelles font toutes les objections que l'on a à me faire. Mes réponfes font prêtes, & les perfonnes, qui liront la feconde partie de mon ouvrage, verront que mon intention n'eft pas de gêner la liberté du public, ni d'attenter à fes droits, mais de l'éclairer fur fes propres intérêts, de lui préparer des plaifirs purs & exempts de trouble; & de pourvoir à fa tranquillité, comme à l'avantage de ceux qui fe dévouent à fes amufemens.

J'ai payé pour entrer au spectacle, me dira quelqu'un ; *donc j'ai acquis le droit de dire ma façon de penser, & de repousser ce qui m'y déplaît*. Entendons-nous ; j'ai payé aussi, moi ; donc j'ai acquis le droit d'y jouir paisiblement de la récréation que j'y suis venu chercher, & de trouver mauvais que vous troubliez ma jouissance ; & en bonne justice, mes droits seront toujours plus grands que les vôtres : parce qu'il est permis d'acheter le titre de spectateur, & que celui de perturbateur est proscrit. Vous avez pu voir l'affiche. Si la piece que l'on joue vous déplaît, pourquoi entrez-vous ? Est-ce à dessein d'y faire *tapage* ? Vous êtes un séditieux qu'on doit chasser & punir : est-ce pour y trouver de la *société* ? Occupez-vous donc de cette société, respectez-là, & laissez aller la piece qui peut ne pas vous intéresser, mais qui sûrement en amuse d'autres. En mon particulier, je la goûte infiniment, j'y donne toute mon attention, & je trouve fort malhonnête que vous m'interrompiez avec scandale.

Est-ce ce *comédien*, cette *actrice*, que vous voulez mortifier, que vous cherchez à trouver mauvais ? Ils me plaisent à moi ; j'aime leur jeu. Le démenti public que vous me donnez, m'irrite & m'offense. Et peut-être, hélas ! ne leur en voulez-vous, que parce que l'un vous a prouvé dans le *café*, que vous étiez un ignorant, & que l'autre a rejeté avec mépris vos propositions libertines.

Quoique des motifs auffi bas ne foient que trop fonvent la caufe du trouble des fpectacles, & du découragement des acteurs : fuppofons que vous en foyez exempt, & que votre mauvaife humeur foit excitée par la foibleffe d'une piece nouvelle, par l'incapacité d'un débutant, par l'ignorance habituelle d'un mauvais acteur, qui s'eft mis en poffeffion de chagriner tout le public.

Dans les deux derniers cas, vous avez raifon de vous plaindre ; & vous verrez que je travaille à vous épargner de pareils défagrémens. Je vous obferverai feulement qu'à l'égard du débutant, il ne faut pas trop vous livrer à votre bile. Faites attention que fes moyens refferrés & contraints par la crainte que lui infpire un nouveau *public*, ont befoin d'être raffermis par l'indulgence. Alors il donnera plus d'effor à fon jeu, plus de développement à fes organes ; fon gefte, fa démarche, feront moins timides ; & peut-être finira-t-il par vous plaire. Ce qui n'arrivera pas, fi vous l'écrafez dès le commencement, fi vous ne lui paffez rien, & fi, par effervefcence ou partialité, vous lui faites un crime du trouble que lui caufe votre préfence, & qui prouve fa modeftie, & l'opinion qu'il a de vos lumieres. Ecoutez-le donc jufqu'à la fin, & ne le condamnez qu'après l'avoir entendu. Alors, s'il eft convaincu d'infuffifance, foit qu'il débute, foit que dès long-temps il vive aux dépens de votre patience ; faites-lui sentir qu'il n'est pas fait pour la scene, & exigez son éloignement. Je le desire autant que vous ; & si mon plan est adopté, vous n'aurez pas souvent de tels vœux à former. Mais, dans tous les cas, soyez justes. Souvenez-vous que *si la critique est aisée, l'art est difficile.* Qu'une censure trop sévere étouffe les talens ; enfin que les acteurs, même les plus excellens, n'étant point à l'abri des caprices d'un sot, ou d'un Zoïle mercenaire, sont quelquefois fondés à prendre de l'humeur : & à mépriser le sifflet ignorant, qui ne sait respecter ni la bienséance, ni le jugement public. C'est à l'autorité qu'il appartient de réprimer ces désordres ; & les ordonnances sont formelles, sur les peines encourues par ceux qui les commettent.

Quant au trouble qui accompagne ordinairement (sur-tout à Paris) les premieres représentations des pieces nouvelles, il ne tombe point sur les acteurs. Quoique pour le moment ils en soient les victimes, ils n'en sont pas l'objet. A la honte de la littérature, la cabale est excitée par les antagonistes de l'auteur, sur-tout s'il a des talens, & qu'il ait déja moissonné quelques lauriers. La foule de ceux qui vont machinalement au spectacle, suit, par bêtise ou par malignité, l'impulsion des critiques apostés pour souffler le feu de la rumeur; les honnêtes gens souffrent, & gémissent en silence ; &

la piece eſt ſifflée quelquefois, ſans qu'on ait pu l'entendre, & par conféquent la juger. On appelle ſouvent de ces arrêts tumultueux ; & beaucoup de nos meilleurs ouvrages, ſont ceux dont la premiere repréſentation a été la plus orageuſe. Il ne me convient pas de déſigner les châtimens que peut employer la force, pour réprimer ces eſpeces de ſéditions ; ils ſont conſignés dans le code de la police. Mais, quand il en ſera temps, je propoſerai ceux qui me paroîtront les plus propres à prévenir un brigandage qui trouble les plaiſirs publics, dégoûte les acteurs, dégrade les lettres, décourage les auteurs, & nous a privés de plus d'un bon ouvrage.

CHAPITRE X.

Des Comédies bourgeoises.

PAR une inconféquence, qu'il n'eſt pas poſſible de définir : ce même public, qui mépriſe les comédiens ; ne rougit pas d'être leur *ſinge*. Tout le monde veut jouer la comédie ; c'eſt à préſent une fureur *épidémique*. Eſt-ce un bien, eſt-ce un mal ? C'eſt ce qu'il s'agit de diſcuter, & ce qui dépend des circonſtances, de la qualité de ceux qui ſe livrent à cet amuſement, & du but qu'ils s'y propoſent.

Que dans les châteaux, dans les maiſons opulentes, on s'occupe *entre ſoi à monter* des pieces de théatres, & à les repréſenter ; c'eſt ce que l'on ne peut qu'approuver. Cette innocente récréation remplit des momens de loiſirs, dont les gens riches ſont embarraſſés, & que pluſieurs emploient d'une maniere moins utile & plus ruineuſe. Les jeunes perſonnes s'exercent à parler correctement ; ſe familiariſent avec les graces, & acquierent cette honnête aſſurance, qui, ſans nuire à la modeſtie, fait reſſortir le mérite. Les perſonnes d'un âge plus mûr, outre le plaiſir de mettre au jour des talens,

(dont il est si naturel de se faire honneur) sont ravies de trouver en déclamant de bons morceaux, des beautés qui leur avoient échappé dans la lecture. En général, tous les acteurs de ces spectacles particuliers ont de l'esprit, des connoissances, de l'éducation, l'usage du monde, le ton de la bonne société, dont ils font partie. Les chefs-d'œuvres de nos grands hommes ne sauroient perdre à être rendus par de tels organes ; c'est au contraire un hommage de plus que le goût & la politesse rendent à leur génie. D'ailleurs, ces mêmes personnes qui fréquentent habituellement les théatres, ne font, en s'exerçant elles-mêmes, qu'étendre la sphere de leurs connoissances ; & joignant les lumieres de la pratique & de l'expérience à la théorie de l'observation, & à l'habitude de voir les maîtres de l'art, prennent ce tact fin, qui fait mettre le prix aux pensées délicates d'un auteur, & au jeu intelligent d'un acteur. Je le répete donc ; on ne peut qu'applaudir à cette innocente maniere de chasser l'ennui. Elle ne peut conduire qu'à connoître les difficultés du talent dramatique ; & par-là même, à l'estimer davantage, & à lui procurer des succès.

Que des personnes de ce rang sachent beaucoup de rôles : qu'elles les jouent avec applaudissement; elles ne sont pas pour cela tentées de prendre le parti du théatre.

Mais que dans les claffes très-inférieures, où le travail eft de néceffité, pour fubvenir aux befoins de la vie : des *commis*, des *filles de boutique*, des *artifans* même & des *grifettes*; quittent leurs *bureaux*, leurs *comptoirs*, leurs *ateliers*, & employent à répéter & à jouer la comédie, un tems qu'ils ne peuvent perdre qu'aux dépens de leurs devoirs & de leur aifance; c'eft ce qu'on ne doit pas tolérer : & peut-être ceffera-t-on de fermer les yeux fur ces affemblées illicites, qui fe multiplient chaque jour, fur-tout dans la capitale : quand on connoîtra les abus qui en réfultent, & le tort réel qu'elles font à la vraie comédie.

D'abord, tous les théatres font du plus au moins chargés de frais énormes, qu'ils ne peuvent prélever que fur le produit de leurs recettes. Les grands fpectacles n'épargnent rien pour la magnificence des habits & des décorations, & outre ces dépenfes momentanées, mais qui fe renouvellent fouvent, outre le droit *des pauvres*, & les fommes confidérables qu'engloutiffent les nombreux ouvriers employés pour le fervice; ils ont encore à payer beaucoup de penfions, qui montent à-peu-près toujours au même *total*; parce que, s'il s'en éteint une, il vient une retraite qui la remplace.

Les petits théatres, connus fous le nom de *fpectacles forains*, n'ont pas, à la vérité, de penfions à payer, & leurs frais ne font pas fi difpendieux : mais ils font également foumis au *quart des pauvres*; & fans compter que leurs produits ne peuvent monter bien haut, vû la modicité du prix des places, ils font tributaires d'une fomme annuelle envers *l'Académie royale de Mufique*, & chargés de l'acquifition & de l'entretien de plufieurs falles, à caufe de leur tranfport dans les foires.

On va voir combien, du côté de l'intérêt, les *comédies bourgeoifes* font tort aux uns & aux autres.

Il y a dans Paris plus de trente théatres de fociété, où l'on joue réguliérement les *fêtes* & *dimanches*, quelquefois même les *jeudis*, quoiqu'il ne foit pas *fête*. Chacune de ces fociétés eft compofée au moins de vingt perfonnes, & donnent des billets à cent. (*je cave au plus bas.*) Voilà donc 3600 perfonnes qui, aimant la comédie, iroient au fpectacle ces jours-là, & qui, n'y allant pas, privent la totalité des fpectacles d'une recette de 4320 liv. chaque *dimanche* ou *fête*, en réduifant toutes les places qu'elles auroient occupées à 1 liv. 4 f. par tête, pour prendre à-peu-près le terme moyen des dernieres places des grands théatres, & des premieres des petits.

Il y a dans l'année cinquante-deux dimanches, & mettons trente fêtes, en tout quatre-vingt-deux.

C'eſt donc une ſomme de 374,240 liv. qui n'entre pas dans les caiſſes des différens théatres.

Ils ſubſiſtent bien ſans cela, me dira-t-on ; j'en conviens : mais laiſſons leur intérêt à part. Le quart de cette ſomme eſt de 93,560 liv. dont la caiſſe des pauvres ſe trouve lézée, parce qu'une foule d'idiots ont la rage de *ſinger* la comédie.

Je crois que ce ſeul article mérite bien qu'on y faſſe attention. Il en eſt d'autres non moins importans, dont je vais faire l'apperçu.

La perte du tems eſt irréparable pour les gens à qui l'emploi utile de ce même tems procure ſeul les moyens de vivre. Les comédiens de *ſociété* ſont des eſpeces de *maniaques*, à qui le plaiſir de déclamer lourdement à la lueur de quelques bouts de chandelles, fait tourner la tête. Ils ne voient, ne reſpirent plus que comédie, ne s'occupent que d'elle ; leurs devoirs, leurs travaux ſont négligés. Ce prétexte ſpécieux, qui ſemble excuſer leur pareſſe : puiſe de nouvelles forces dans les ſtupides applaudiſſemens de leurs ſpectateurs habituels ; dont l'indulgence eſt fondée ſur la gratuité de leurs plaiſirs.

Quoique leurs petites reſſources pécuniaires ſoient endommagées par la diminution de leur travail, ils ne peuvent ſe refuſer aux frais des *habillemens*, *loyers*, &c. L'amour du plaiſir ſuit de près l'abandon de la vie fédentaire, & le goût d'une occupation frivole. On fait des parties ; les fonds s'épuifent; on en vient aux expédiens ; & qui fait où peut mener l'oifiveté, & le penchant au libertinage ?

La premiere reffource qui fe préfente à leur efprit, c'eft de fe faire tout-à-fait comédiens : de-là, ces débordemens d'acteurs infoutenables, qui inondent les provinces. Il eft prouvé qu'il n'y a jamais eu tant, & de fi mauvais comédiens, que depuis la multiplication des théatres de *fociété*. On voit fortir de ces pépinieres bâtardes, une foule d'ignorans, dont quelques-uns ne favent pas même lire. Bien éloignés, par conféquent, de parler leur langue avec pureté ; dénués de toute connoiffance ; portant dans leurs geftes, dans leur maintien, comme dans leur langage, l'empreinte du mauvais ton : ils n'ont pour eux qu'une audace extrême, une incroyable préfomption, ordinaire appanage de l'ineptie ; trompent les directeurs ; fatiguent le public ; embourbent les talens ; & appefantiffent, fur l'état de comédien, le joug du mépris public.

Je ne parle point des fréquentes entorfes que de jeunes perfonnes donnent à leur vertu, dans ces *baladinages*, où l'on trouve ni police, ni fubordination, mais un mal bien réel, & dont les comédiens ont toujours à fe plaindre ; c'eft la caufticité avec laquelle ces faux acteurs jugent les vrais talens,

lorfque

lorfque l'envie de faire briller leurs lumieres, les conduit quelquefois au fpectacle.

Tout ce qui n'eft pas *outré, chargé,* gigantefque, leur déplaît. Comme ils n'ont aucune notion du vrai & du beau : plus un acteur aura une diction jufte, un jeu raifonnable & pofé; plus il répugnera à leur façon d'être & de fentir. Il faut, pour être de leur goût, mugir & grimacer comme eux : encore leurs fuffrages ne feront-ils pas exempts de petites reftrictions, par lefquelles ils prétendent conferver toujours la fupériorité : & font modeftement entendre à ceux qui daignent les écouter ; qu'ils font auffi indulgens que connoiffeurs. C'eft bien le cas de dire : *Pauvres talens, comme on vous humilie !*

Je n'approfondirai pas davantage ce chaos de ridicule & de mifere. L'efquiffe, que j'en viens de tracer, doit fuffire à prouver combien l'extrême tolérance à cet égard eft préjudiciable aux comédiens ; comme gens à talens, & comme devant jouir du fruit de leurs talens. J'indiquerai les moyens d'extirper ces excroiffances parafites ; & pour faire voir que je ne néglige rien de ce qui peut contribuer aux progrès & à la gloire de l'art dramatique, je donnerai la maniere de tirer parti du petit nombre de ceux que la nature a favorifés des dons néceffaires pour y

E

briller; car il faut être juste : il est sorti quelques sujets des *sociétés bourgeoises*; & ces hommes sont toujours précieux dans quelque classe qu'ils se trouvent. Je m'occuperai donc de leur procurer les moyens de se développer, en les dégageant de la croûte épaisse qui les couvre, & les obscurcit.

CHAPITRE XI.

Des Maîtres de Comédie.

JE crois qu'il étoit réservé au siecle de la raison, de voir éclore les abus qui révoltent le plus le bon sens. On riroit au nez d'un homme qui se donneroit pour maître d'esprit, & on croit à un homme qui se dit *maître de comédie* ; c'est pourtant à-peu-près la même chose.... Bien des gens vont me rire au nez à moi-même ; n'importe, je sais ce que je dis, & je vais le prouver.

Joue-t-on la comédie sans la sentir ? Peut-on donner à un stupide la faculté de sentir ? Non, non sans doute ; cependant il y a des stupides qui veulent la jouer ; d'autres stupides qui se font payer pour la leur enseigner. Je le répete, c'est le comble de la balourdise d'un côté, & du charlatanisme de l'autre.

Qu'un *Molé*, un *Larive*, un *Préville*, un *Clairval*, un *Grangé*, &c. forment des sujets dans l'art de la déclamation : je croirai au succès du travail des maîtres, & aux progrès des éleves, par beaucoup de raisons.

1°. Les maîtres, convaincus de la nécessité du concours des moyens *physiques*, tant corporels que spirituels, pour prétendre à jouer la comédie, se garderont bien de prodiguer leurs soins à des sujets en qui ils reconnoîtront une négation de tous ces moyens.

2°. Les en trouvent-ils suffisamment pourvus ? ils ne leur enseignent ni à sentir, ni à dire vrai, parce qu'on ne peut pas enseigner cela ; mais ils guident leur esprit dans ses découvertes ; ils font appercevoir à leurs éleves les finesses de l'art, la magie de la scene ; leur apprennent que dans tel endroit il faut modérer le feu de son génie, pour lui donner l'essor dans tel autre ; qu'ici la voix *modulée*, de telle ou telle façon, ne manquera pas d'affecter l'ame, en flattant les sens. Sanctuaires vivans de la pureté de notre langue ! ils leur en feront connoître les regles & les beautés : consommés dans leur art, par l'étude de ses loix, & celle du cœur humain, par l'expérience, par la pratique : ils leur découvriront mille ressorts ingénieux, qui fascinent les yeux du spectateur ; qui l'électrisent ; dont l'effet se fait sentir à tout le monde : mais dont le jeu délicat ne peut être apperçu que par l'œil du plus fin connoisseur. Ils leur feront voir comment on doit marcher, porter les bras ; ils les paîtriront, pour ainsi dire, & en feront des hommes nouveaux : mais, encore un coup, il faut, pour cela, des sujets susceptibles d'être formés ; & des maîtres, tels que je viens de nommer. Si je vois, au contraire, des hommes dénués eux-mêmes de talens, n'ayant jamais joué la comédie, ou l'ayant mal jouée, sans principes comme sans graces, estropians la grammaire, & aussi gauches déclamateurs, que monotones orateurs & lecteurs peu intelligens : si je vois, dis-je, des *automates* de cette espece, s'ériger en *maîtres de comédie*; je ne puis m'empêcher de crier *au voleur*, ou du moins à *l'imbécille charlatan*.

Bien des personnes cependant ont la bonhomie de leur confier de jeunes gens, pour les instruire à jouer la comédie chez eux. Qu'en résulte-t-il ? que ces jeunes gens, qui en suivant l'impulsion de leur génie, & les lumieres d'une bonne éducation, auroient été naturels & vrais; deviennent forcés, lourds, gauches & contraints : leur diction, calquée, notée, sur celle du maître; est fausse & monotone, ou chantée : au lieu d'être la simple expression du sentiment. Enfin, ce prétendu maître gagne leur argent à les rendre ridicules.

Je le dis encore, & ne saurois trop le répéter; il faut, pour avoir le droit de donner des conseils, (des leçons si l'on veut) sur la comédie; il faut, ou être soi-même un comédien consommé, ou posséder des connoissances rares. L'immortel *Voltaire* a formé des acteurs sublimes, & il jouoit fort gauchement la comédie; mais il étoit *Voltaire*.

Je ne puis me dispenser de placer ici deux mots,

sur un abus qui, depuis quelques années, devient fort commun, & qui n'en est pas moins blâmable, pour ne rien dire de plus. C'est celui de transformer en acteurs des enfans qui savent encore à peine balbutier.

Je ne parle point des petits drames de société que l'on fait jouer à de jeunes personnes, dans les bonnes maisons. Les charmans ouvrages de madame de Genlis & de M. Berquin, rendent cette innocente récréation, non-seulement agréable, mais intéressante pour l'éducation. C'est une carriere décente, préparée par le Génie & les Graces, où de tendres athletes s'exercent à l'envi dans l'art aimable, & toujours utile de la déclamation. Le sentiment & la délicatesse ont tracé les regles du combat. L'amour paternel y décerne ordinairement les couronnes, & c'est toujours la vertu qui préside.

Je ne condamne point non plus les comédiens, qui, voyant des dispositions dans leurs enfans; les destinent à suivre leur état.

Outre les modeles que ces *nourissons de Thalie* ont sans cesse devant les yeux; leurs parens sont à portée de leur donner une éducation convenables, & des avis fondés sur l'expérience. Ils peuvent donc devenir de très-bons acteurs, & tout est dans l'ordre.

Ce qui me répugne, c'est l'inhumaine avarice de certains parens, qui sacrifient ce qu'ils ont de plus précieux & de plus cher à l'avide spéculation des directeurs; qui font des *troupes d'enfans*.

Il faut les avoir vus de près, pour savoir quelle éducation on donne à ces jeunes sujets, & à quel degré de talens ils peuvent prétendre. La plupart ne savent pas lire, & on se met peu en peine de leur ouvrir cette premiere porte des sciences. On ne s'occupe pas d'eux, ni de ce qu'ils pourront devenir par la suite : on ne cherche qu'à tirer parti pour le moment de leur docilité, de la souplesse de leurs organes; & de l'indulgence à laquelle les spectateurs sont naturellement & nécessairement enclins; pour des êtres, que leur âge & leur foiblesse rendent intéressans.

En conséquence, on leur apprend mot à mot, comme à des *perroquets*, les rôles qu'on veut leur faire jouer. Quand leur mémoire en est chargée; un maître, plus ou moins habile, les met en scene, les fait dire d'après lui : & leur transmet sa diction avec tous ses défauts; c'est-à-dire, tantôt juste, tantôt fausse ; toujours monotone & fastidieuse, par la ressemblance uniforme des *finales* : mais tellement notée, & si souvent répétée, que les éleves (à la différence près du diapason des *voix*) ne s'en écartent pas d'un *coma*.

Il en est de même du geste; le redoutable *caporal* les exerce, les fait marcher, aller, venir, lever un bras, baisser l'autre; à tel & tel endroit; à force de le répéter, ils n'y manquent pas, & le tout fans qu'ils en fachent la raifon. Tout eft machinal, ce font des *marionnettes* fans *fils* ; & cela eft fi vrai, que fi quelqu'un d'eux vient à tomber malade, & que l'on foit forcé de donner fon rôle à un autre ; celui-ci, qui l'a vu répéter, le fait déja, & le jouera avec les mêmes mouvemens, les mêmes contre-fens, les mêmes intonations ; il en copiera jufqu'au fon, jufqu'aux inflexions de la voix : à peine vous appercevrez-vous de la doublure. Ce que celui-là fait, un autre le fera de même ; & s'il n'y a pas dans les traits du vifage une difparité trop frappante, vous les prendrez pour une famille de Ménechmes.

Le public les applaudit ; c'eft bien fait. Il eft jufte de dédommager ces innocentes victimes de vos plaifirs, de la gêne où on les tient pour les dreffer ; & de leur tenir compte de leurs fatigues. Mais fouvent on les applaudit trop ; on s'écrie qu'ils font *pleins de talens*. Alors on fe trompe ; & on les perd. Expliquons ceci.

Qu'eft-ce que le talent de l'acteur ? Eft-ce d'avoir de la mémoire, une figure heureufe, un fon de voix flatteur, une taille, un gefte agréable, une prononciation nette & facile ; de l'efprit même, fi vous voulez ; & de la fenfibilité ? Tout cela n'eft qu'une difpofition à avoir du talent. Ce font des *moyens*, des *inftrumens*, que la nature a donnés ;

à l'aide desquels on peut acquérir & développer le talent : sans lesquels on peut en avoir beaucoup, & ne pouvoir pas les faire valoir.

Qu'est-ce donc, encore un coup, que le talent? C'est l'étude réfléchie des ressorts qui peuvent émouvoir le cœur humain; l'art d'échauffer les passions, & de les régler; d'*aiguiser* la pensée. C'est le résultat des connoissances acquises; la perception du *vrai* & du *beau;* l'application raisonnée des principes généraux aux circonstances particulieres; la faculté de se pénétrer de son rôle au point de s'identifier avec le personnage qu'on représente. C'est l'heureuse combinaison de ces moyens *métaphysiques*, avec les moyens *physiques* dont je viens de parler. Voilà le talent, qui ne peut être que le fruit de plusieurs années de réflexions, de travail & d'expérience : & qu'il est par conséquent ridicule de trouver, de chercher même, de desirer dans des enfans. Ils sont imitateurs, c'est le don de leur âge. C'en est même une jouissance.

La profanation de cet éloge, prodigué sans mesure aux *acteurs enfans*, les perd; & voici comment.

Si l'amour propre regne sur tous les hommes, on peut dire que le théatre est son temple. Je ne prétends point lâcher un sarcasme contre les comédiens. C'est une vérité, & cela ne peut pas être autrement. Quoi de plus flatteur que les suffrages bruyans d'une assemblée nombreuse & respectable ! Comment résister à la tentation de se croire du mérite ; lorsque mille bouches vous le crient, & que le double de mains approuve le jugement ! Je défie le plus humble philosophe de se refuser au sentiment délicieux qui remplit l'ame en ce moment. J'en appelle à tous ceux qui parlent au public, en quelque genre que ce soit.

L'homme raisonnable ne voit dans ce tribut de louanges qu'une obligation de plus d'en mériter de nouvelles. C'est un aiguillon qui sert à redoubler son zele & ses efforts.

Les enfans ne sont pas de même ; les encouragemens particuliers chatouillent leur petit orgueil : les applaudissemens publics leur tournent la tête. On leur fait entendre qu'ils sont *charmans* ; qu'ils sont *paîtris de talens* : ils le croyent, se regardent comme des personnages importans ; se mettent de niveau, peut-être au-dessus, des plus fameux acteurs ; bientôt même ils s'imaginent en savoir plus que le maître qui les a *dégrossis* ; à qui ils doivent leur mérite factice, & leur succès éphémere. Dès-lors, ils perdent la docilité, & commencent à décliner. Livrés à eux-mêmes : ils ne travaillent point ; s'abandonnent, avec toute la fougue de l'âge, à l'attrait du plaisir, dont la liberté de leur état leur rend l'accès plus facile ; croupissent dans l'ignorance ; s'enivrent de présomption & de fatuité ; & finissent par n'être plus bons, ni aux emplois du théatre, ni aux fonctions civiles.

Cette regle, comme toutes les autres, a ses exceptions. Il en est qu'un naturel heureux a préservé de ces écueils. Ceux-là, par leur propre travail, ont acquis un vrai mérite ; & payent au public l'intérêt des bontés qu'ils en ont reçus dans leur enfance. Mais tandis que ce petit nombre reste à Paris, où il soutient les théatres *secondaires* : la province est infectée d'une *meute* de mauvais *comédiens*, sortis peut-être des mêmes *pépinieres* ; dont les prémices promettoient de plus heureux fruits : mais que trop d'indulgence a gâtés. Comme le but de cet ouvrage est d'attaquer les abus dans leur principe ; & de purger la province de toute la *racaille* qui la surcharge & déshonore ses théatres, en y traînant l'ignorance & la misere ; j'ai cru qu'il étoit de mon devoir de recommander aux directeurs plus de choix dans l'acceptation des enfans ; aux parens, moins d'insouciance sur les suites de cette éducation ; & aux jeunes gens, plus de circonspection, de modestie & d'application.

Je crois avoir jeté un jour suffisant, sur les principales causes qui privent le théatre de bons sujets, le peuplent de mauvais acteurs ; & nuisant aux mœurs, comme aux progrès de l'art ; empêchent qu'on n'affranchissent les comédiens de la servitude humiliante où les retient une prévention, autrefois légitime & fondée ; partiale aujourd'hui : & déformais tout-à-fait injuste ; si l'on pouvoit parvenir à une réforme, que les comédiens honnêtes ne desirent pas moins que le public judicieux.

J'ai dit, sans feinte, ma façon de penser à l'égard de ces déréglemens; je vais, avec la même franchise, exposer les moyens par lesquels j'imagine qu'on pourroit y remédier : on ne doit rien ménager, quand il s'agit du bien public.

Fin de la premiere Partie.

LA RÉFORME
DES THÉATRES.

SECONDE PARTIE.

Contenant l'exposé d'un plan, au moyen duquel on pourroit détruire les abus qui se commettent à la Comédie en Province, obvier à ce qu'ils se renouvellent, & donner à l'état de Comédien *toute la consistance, & toute l'honnêteté dont il est susceptible.*

CHAPITRE PREMIER.

De l'établissement d'une Administration générale.

LE premier pas à faire, seroit un acte de l'autorité souveraine, qui établiroit un grand comité sous le titre de *Bureau général d'administration des spectacles de France*. Cette espece de tribunal, immédiatement comptable de son travail à MM. les premiers gentilshommes de la chambre : seroit présidé en leur nom, & sous leur autorité, par un directeur général qu'ils nommeroient ; & qui rempliroit cette fonction, conjointement avec un des chefs de l'administration de *l'Académie royale de Musique*, également revêtu de leur attache, & décoré du même titre. Ces deux directeurs seroient seuls, mais toujours concurremment chargés de rendre compte à MM. les gentilshommes du travail du comité, & de lui rapporter leurs ordres sur les objets dont ils se seroient réservé la décision.

Excepté ce cas, où les ordres supérieurs, dont ils seroient porteurs, seroient de pleine exécution ; les directeurs auroient une voix comme les autres, dans les délibérations de l'assemblée, qui seroit en outre composée de douze membres tirés des *comités* des trois théatres royaux ; savoir, quatre de *l'Académie royale de Musique* ; quatre du *Théatre François* ; & quatre du *Théatre Italien*. (Bien entendu qu'on n'y admettroit que des hommes) & d'un inspecteur général. Ce bureau d'administration seroit ainsi dirigé par quinze opinans, & pourvu d'un secrétaire.

On y porteroit tous les objets relatifs au régime des spectacles, tant des villes de France que des pays étrangers, où il y a *comédie françoise*. Ce seroit à la sagesse éclairée du gouvernement, à fixer la nature des affaires, que le comité pourroit juger de son autorité; en rendant seulement compte de ses arrêtés à MM. les gentilshommes de la chambre : & de celles dont la décision; après avoir été examinées au bureau, seroit réservées à MM. les gentilshommes.

Le bureau s'assembleroit régulièrement deux fois par semaine, à jour & heure fixe : & dans le lieu qu'il plairoit au ministere de lui attribuer.

CHAPITRE II.

De la suppression des petites troupes ambulantes, & du dénombrement des Comédiens.

CE centre d'autorité, une fois établi; & muni de la sanction nécessaire, pour faire respecter ses opérations; la premiere dont il auroit à s'occuper, seroit la suppression de tous les comédiens ambulans dans les petits endroits : gens que leur vie errante, fondée sur le produit incertain de leurs recettes momentanées, toujours très-foibles, souvent nulles; doit faire regarder comme des hommes sans aveu; classe proscrite dans tout gouvernement policé.

Il faudroit encore, pour parvenir à cette réforme; qu'une ordonnance, émanée du *trône*, enjoignît à tous les magistrats des villes, au-dessous du troisieme ordre, de ne permettre à aucuns comédiens de s'établir dans leurs villes; &, s'il s'y en trouvoit, de leur retirer la permission, à moins qu'à leurs risques & périls, ils ne voulussent se rendre personnellement responsables de la conduite, & des dettes que pourroient faire ces comédiens : auquel cas, ils pourroient les conserver :

mais,

mais, non sans prendre un état de leur nombre, noms, surnoms, & signalemens; lequel état, ils enverroient au directeur de la ville capitale de la province, qui, à son tour, seroit tenu de faire passer cet état au bureau général de Paris.

La même ordonnance obligeroit les directeurs, & à leur défaut, les officiers municipaux des villes du premier, second & troisieme ordre, à envoyer également à l'administration générale, le dénombrement de tous les acteurs & actrices, chanteurs, danseurs, &c. qui composeroient leur troupe; avec leurs noms, surnoms, signalemens, les emplois qu'ils tiennent : ensemble le tableau des sommes à quoi peuvent monter annuellement les recettes dans leurs villes; pour que d'après l'examen de tous ces objets, l'administration pût statuer sur le nombre de troupes qu'on peut laisser subsister; & sur la quantité de sujets dont on peut les composer.

Dans ce bouleversement, les acteurs des villes du premier, second & troisieme rang, n'auroient point à craindre d'être déplacés : &, s'ils ont du talent, leur état deviendroit plus assuré que jamais.

Quant aux autres, l'espece de dureté qu'il paroîtroit y avoir, à leur interdire ce moyen de végéter, disparoîtra; si l'on veut faire réflexion que ce n'est que prévenir une ruine plus ou moins prochaine, mais toujours assurée : ce seroit donc leur rendre service.

F

Qu'on ne regrette pas non plus la perte de ceux d'entre eux, qui pourroient avoir, ou faire espérer du talent. On va voir que j'ai pensé à eux : je les aime trop pour les oublier.

Tous les acteurs réformés des petites villes, auroient le droit de venir faire dans la ville capitale de la province où ils seroient, & non ailleurs, leurs débuts qu'on ne pourroit leur refuser ; chacun dans leur emploi. On sent combien il y auroit de *chûtes*; c'est à cette épreuve que l'on connoîtroit que je n'ai rien dit de trop sur l'insuffisance & la négation de moyens de la plupart de ces *histrions*.

Quelle raison auroit-on de vouloir qu'ils continuassent à déshonorer le nom de comédien ? Je n'outre point les choses ; car, dans cette profession, le défaut de talens entraîne nécessairement l'indigence, & toutes les horreurs qui composent sa fatale escorte. Etant donc sur un théatre décent, & par le jugement d'un public exercé ; reconnus absolument incapables de jouer la comédie : qu'ils rentrent paisiblement dans l'état où ils étoient, avant que de se hasarder dans cette carriere peu faite pour eux. Ils seront plus utiles, & moins malheureux.

Au reste, la justice n'exclut pas l'humanité. On peut être fort honnête homme, & très-mauvais comédien. Ce n'est pas un crime que de n'avoir pas de talens, ou, si c'en est un, sur-tout aux yeux du connoisseur, lorsque, sous le prétexte d'en avoir, on lui extorque son argent; on cesse d'en être coupable, dès qu'on rentre dans l'ordre ordinaire.

Il ne seroit donc pas naturel de livrer ces infortunés au désespoir, & de les laisser sans ressource; voici celle que je propose.

Leurs débuts, quels qu'ils fussent, auroient nécessairement augmenté les recettes. En fait de spectacle, le public court toujours à la nouveauté, & paye d'avance les frais de sa curiosité; sauf à regretter sa mise : le piquant de la circonstance, la variété des objets augmenteroient l'effervescence.

On prendroit, sur cette augmentation de produits, une somme, que l'on répartiroit aux sujets exclus; à proportion de l'état primitif de chacun d'eux; & de l'éloignement où ils seroient de leur patrie : en leur signifiant, de la manière la plus précise, que toutes les tentatives qu'ils pourroient jamais faire pour rentrer au théâtre, seroient inutiles, vû l'ordre établi à cet égard.

En supposant que les directeurs en fussent pour quelque chose du leur, cela ne les ruineroit pas; quand on tient un rang dans un corps quelconque, on doit quelques sacrifices au bien général de ce corps; & celui-là, une fois fait, ne se renouvelleroit plus.

Eh ! quel soulagement pour la comédie ! quelle *crise* salutaire ! De l'autre côté, que de jeunes étourdis rendus à leurs familles qui les pleurent, & qu'ils n'auroient jamais honorées dans une profession, où l'obscurité étoit tout ce qu'ils pouvoient prétendre.

Il nous en resteroit encore quelques-uns sur les bras. Ce seroient ceux que des talens faits, ou apperçus, rendroient intéressans à conserver. Il y auroit moyen de pourvoir à leur subsistance, jusqu'à la fin de l'*année comique*, pendant le cours de laquelle on entameroit la réforme.

1°. Il se trouve dans les meilleures troupes, des gens que l'on ne garde que parce qu'ils sont engagés ; que l'on a pris sans les connoître ; qui jouent faute d'autres ; & qui déparent la scene. L'incapacité de ceux-là, une fois attestée par les magistrats, les directeurs, & par six des premiers acteurs de la troupe : il en seroit rendu compte à l'administration générale ; qui, cassant leurs engagemens, les renverroit au nombre des sujets exclus : & on les remplaceroit par ceux que l'on auroit reconnu les plus forts dans les *débutans* conservés. 2°. Les autres seroient mis en *double* ou en *triple*, chacun dans leur emploi ; tant dans la ville capitale, que dans les secondes & troisiemes villes de la province. Il se trouve toujours quelques lacunes ; & je suis très-sûr que le nombre des bons ne seroit pas si considérable, qu'on ne pût bien les employer tous.

CHAPITRE III.

De la nouvelle formation des troupes ; de l'enregistrement des Comédiens, & de la maniere de les placer.

Après avoir élagué de la comédie toutes les branches mortes, ou parasites, on s'occuperoit de donner aux rameaux fructifians les soins propres à les tenir en vigueur.

Depuis le moment de cette premiere réforme, jusqu'à la *quinzaine de Pâques*, tems où les engagemens finissent, & se renouvellent ; les membres du comité prendroient tous les renseignemens nécessaires pour connoître quelles sont les villes en état de soutenir un spectacle, soit à demeure, soit pendant quelques mois. Pour parvenir à asseoir ce travail sur des fondemens solides, MM. les magistrats de toutes les villes du premier au troisieme rang inclusivement, seroient suppliés par une lettre circulaire, d'envoyer à l'administration un tableau des sommes à quoi auroient monté les recettes du spectacle, dans leurs villes respectives, pendant le cours de l'année expirante ; & de joindre à ce relevé leurs observations sur les causes habituelles qui peuvent augmenter ou diminuer les produits. Ces causes font relatives ou à la population de chaque ville ; ou à fon genre de commerce ; au génie des habitans ; à leurs occupations, à leurs richeffes ; au féjour fixe ou momentané d'une garnifon, &c. Toutes ces obfervations font très-importantes à faire avant l'établiffement d'un fpectacle, & c'eft faute de les avoir fuffifamment pefées, que fouvent des directeurs, féduits par l'apparence & par de brillantes promeffes, échouent dans leurs entreprifes.

De leur côté, les directeurs feroient tenus d'envoyer un tableau de ces mêmes objets & des frais journaliers qu'entraîne le fpectacle dans chaque ville, indépendamment des honoraires de la troupe.

Par le rapprochement de ces différens mémoires, fournis par des perfonnes dont les vues & les intérêts n'ont rien de commun, le bureau pourroit apprécier à très-peu de chofe près, de quelle force chaque troupe pourroit être, & combien il faudroit de troupes dans chaque province.

Alors le directeur de la capitale de chaque gouvernement, feroit revêtu par le gouverneur d'un privilége exclufif, qui l'autoriferoit à faire jouer la comédie dans toutes les villes de fon diftrict par fes feules troupes : & les magiftrats ne pourroient accorder la permiffion à aucuns comédiens, qu'ils ne fuffent préfentés & conduits par ce directeur, ou un de ſes régiſſeurs; & qu'il ne leur fût exhibée copie en bonne forme de ſon privilége, légaliſée par les juges de ſon chef lieu; & contrôlée du bureau général.

Il n'y auroit donc alors qu'un directeur dans chaque province. Toutes les autres troupes de cette même province feroient à ſon compte, dépendantes de lui, & gouvernées par des régiſſeurs à ſa nomination; mais revêtus de l'attache du bureau général. Il y auroit en outre, auſſi dans chaque province, un inſpecteur particulier, choiſi & nommé par l'adminiſtration de Paris, qui parcourroit alternativement les différentes villes de ſon département, où il y auroit ſpectacle; qui veilleroit pour la manutention des deniers & la comptabilité des régiſſeurs, dont il viſeroit les livres, aux intérêts du directeur provincial : & ne rendroit lui même compte de ſes opérations qu'à l'inſpecteur général auquel il feroit tenu d'envoyer, tous les mois, un tableau de ſes obſervations ſur tous les objets relatifs au bien du ſervice.

Comme il y a des provinces peu conſidérables, quoiqu'elles forment un gouvernement particulier; qui bien loin d'avoir des ſecondes villes aſſez fortes, pour y etablir une troupe, n'ont pas même une capitale aſſez peuplée pour la ſoutenir : il faudroit dans le tableau des directions, réunir celle de ces petites provinces au département du directeur de la plus prochaine, où il y auroit un chef lieu de comédie : & ce directeur feroit tenu de fe munir également du privilége du gouverneur de cette feconde province ; qui réunie à la fienne, quant à cet objet, par cette jonction de pouvoir exclufif; ne formeroit qu'un feul département.

Par exemple *le Boulonnois*, qui a peu d'étendue, & point de villes confidérables, feroit uni à la direction de *Picardie : le pays de Caux*, & le privilége *du Hâvre de Grace* (fa capitale) feroit annexé à celui *de Normandie*; ainfi du refte. Je donnerai à la fin de cet ouvrage l'efquiffe de cette diftribution, appuyée des raifons qui me fembleront propres à la juftifier.

L'établiffement des directions, & l'étendue de leur diftrict, une fois fixée d'une maniere folide & invariable; il ne s'agiroit plus que de nommer les directeurs, les infpecteurs, & d'engager les acteurs.

A l'égard des premiers, ceux qui feroient actuellement en place, & qui verroient leurs droits s'étendre, leurs intérêts s'affurer, ne demanderoient pas mieux que de fuivre une entreprife, où ils trouveroient de nouveaux avantages.

Dans les capitales, qui fe trouveroient vacantes, il ne manqueroit ni de fujets pour remplir ces places, ni de fonds pour les mettre à portée de faire les avances nécessaires.

La comédie étant purgée de tous les mauvais acteurs, ceux qui seroient conservés, seroient je crois assez nombreux, pour que tous les emplois fussent remplis : mais j'imagine qu'il n'y auroit pas assez d'excédent pour qu'on en fût embarrassé. En supposant que cela fût, ce que je souhaiterois fort, pour le plaisir du public, & l'intérêt des talens : je trouverai à les placer. Parlons d'abord des sujets nécessaires pour completter les troupes.

Les artistes sont des hommes libres, comme l'art qu'ils professent ; on doit les estimer, les respecter, & ne leur imposer aucune condition humiliante.

Mais aussi, les gens honnêtes, & doués de talens précieux ; ne peuvent que gagner à être connus : en conservant donc aux comédiens la liberté de s'engager avec tels directeurs, & dans telle province qu'ils jugeroient à propos, & de régler leurs intérêts à leur gré ; ils seroient seulement obligés de signer outre leurs engagemens une feuille particuliere, qui contiendroit le détail de leurs emplois, & que les directeurs enverroient à l'administration ; par-là, on verroit d'un coup d'œil sur combien de sujets le génie peut compter, pour faire valoir ses productions.

S'il s'en trouvoit qui fussent dépourvus d'engagemens, on les placeroit dans les inspections; les directeurs trouveroient encore dans cette classe leurs régisseurs. Je suis même sûr que beaucoup préféreroient ces deux derniers genres d'emplois. Il y a à la comédie, nombre de personnes, qui sans être privées de talens, n'ont pris ce parti que par convenance ou par nécessité ; & seroient charmées d'avoir une place qui pourvût à leurs besoins, sans les contraindre de se montrer sur la scene.

S'il en restoit encore quelques-uns, on va voir dans le chapitre suivant la maniere de ne les pas laisser inutiles.

CHAPITRE IV.

De la réception des nouveaux comédiens : & de la maniere de procurer aux petites villes le plaisir du spectacle.

Réduire, comme je viens de le supposer, les comédiens, au seul nombre de ceux qui seroient nécessaires ; & qui auroient du mérite ; ce seroit sans doute donner à la comédie un lustre avantageux ; mais ce seroit en même tems l'éteindre, si l'on ne s'occupoit d'avoir toujours des *corps de réserve*, où l'on pût trouver de quoi remplir les lacunes accidentelles ; & où les personnes, qui se destinent au théatre, & qui après un suffisant examen, seroient admises à y entrer, pussent s'exercer & se former.

Les arts méchaniques ne sont pas les seuls, où l'on ne soit reçu à les exercer qu'après avoir fait un apprentissage. Les arts libéraux, la peinture la sculpture, l'architecture, les professions les plus libres & les plus honorées dans la societé, la science du barreau, la médecine, n'accordent à personne le droit d'y remplir leurs fonctions qu'après un cours d'etude, dont le récipiendaire fait les frais, & un acte authentique d'admission qui attefte fa capacité. Pourquoi donc la comédie auroit-elle la liberté, ou pour mieux dire la licence de faire payer au public l'apprentiffage de fes éleves? Un homme ne fait pas un rôle, ne fe doute pas des regles de la fcene ; mais il a de la mémoire, du *phyfique*, de la voix, &c. Il fe fait comédien ; & dès l'inftant il veut gagner de l'argent. Le théatre eft à fes yeux *un pays de Cocagne*, où il fuffit de mettre le pié, pour prétendre à l'aifance, & à toutes fes douceurs.

La facilité de quelques directeurs à engager des *commencans* qu'ils ont à bon marché; ferme fouvent l'accès des places à des acteurs faits, qui reftent fur *le pavé* : & les *maîtres* fouffrent quelquefois les atteintes de l'infortune : tandis que de très-foibles *apprentifs* goûtent les charmes du bien-être, aux dépens de la bourfe & de la patience du public.

Dans tout cela je vois un tiffu d'injuftices, qu'il eft du bon ordre de corriger. Je voudrois donc qu'à Paris, & dans chaque direction provinciale, il y eût un *magafin*, dans lequel les fujets, qui veulent prendre le parti du théatre, feroient infcrits après que les directeurs & infpecteurs les auroient examinés ; & que fur le rapport de ceux-ci, l'adminiftration auroit conclu à leur admiffion au rang *d'éleve*. Alors ils feroient enrégiftrés en cette qualité, & feroient exercés de la maniere que je vais prescrire : mais sans pouvoir prétendre, au moins, pendant la premiere année, à aucuns honoraires. Si leur zele, leurs succès méritoient des gratifications, il seroit juste de leur en accorder; le travail doit toujours être récompensé, encouragé ; & je trouverai également le moyen de remplir cet acte de justice sans léser les directeurs, ni se rendre à charge au public. On trouve dans toutes les provinces, outre la capitale, plusieurs endroits assez considérables, & assez bien habités, pour aimer le spectacle, & le soutenir pendant un certain tems.

Par exemple, en *Normandie* ; après *Rouen*, qui entretient la comédie toute l'année : il y a *Caen*, *Alençon*, *Dieppe*, & *le Hâvre de Grace*, (qui seroient, comme je l'ai dit, réunis au département de Normandie); ces quatre villes sont en état de défrayer un spectacle, surtout lorsqu'il seroit varié, agréable & bien monté : on partageroit ce service entre deux troupes d'opéra bouffon, & deux troupes de tragédie & comédie ; qui chacune, sous la conduite de leur régisseur, feroient *la navette*. Ces quatre théatres, se relevant tous les trois mois, renouvelleroient le coup d'œil, & satisferoient le public sans le surcharger ; car il est notoire que dans une ville médiocre, la réunion de tous les genres dans une même troupe, étant au-dessus de la fomme poffible des recettes, eft toujours ruineufe.

Outre les fujets à *emploi* qui formeroient le corps de toutes ces troupes.; chacune d'elles feroit munie de deux *éleves* dans le genre qui s'y joueroit: on choifiroit même pour cela les moins avancés. Ils feroient ce qu'on appelle les *acceſſoires*, chanteroient dans les *chœurs*, &c. On les voitureroit, & on leur fourniroit des habits de théatre, rouge, chauffures, & tout ce dont ils auroient befoin pour les petits rôles qui leur feroient confiés; mais ils fe défrayeroient du refte, & ne recevroient, comme je l'ai dit, de gratifications, qu'autant que leurs bonnes qualités les leur mériteroient : & que l'équité généreufe des directeurs les en jugeroit dignes.

Voilà déja à raifon de deux dans chaque troupe fecondaire, & de quatre (fuppofons) attachés pour le même fervice, & aux mêmes conditions, à la troupe *du chef lieu :* douze *furnuméraires*, qui feroient utiles au fpectacle, fans lui devenir onéreux ; & en qui l'habitude du bon genre, la vue journaliere des modeles, & le defir de fe mettre *en pié*, exciteroient l'émulation.

Mais outre ces cinq théatres, il y a dans cette même province, plufieurs villes, qui feroient charmées d'avoir fpectacle pendant trois mois chaque année, en deux faifons : & qui ne l'ayant pas plus long-tems, & bien compofé ; ne laifferoient aucune inquiétude fur le fort des troupes qu'on y employeroit.

Ces villes font, *Fécamp, Avranches, Coutance, Bayeux, Dreux, Evreux, Gifors, Honfleur, Lizieux, Falaife, Sées, Argentan, L'Aigle, Vernon*, & peut-être encore quelques autres ; mettons qu'il s'en trouve feulement deux de plus : cela fait feize.

Le directeur provincial formeroit encore quatre troupes, mais plus foibles que les autres ; c'eft-à-dire, où les emplois, n'étant point doublés, n'entraîneroient pas de frais trop confidérables. Deux de comédie & deux d'opéra, ces quatres troupes, ayant également chacune leur régiffeur, formeroient deux *fous-divifions* compofées d'un opéra & d'une comédie, & qui feroient deftinées au fervice de huit villes chacune, qu'elles parcourroient alternativement & à fix mois de diftance l'une de l'autre. Pour rendre la chofe plus fenfible, voici l'apperçu du plan, & de la marche qu'on fuivroit.

Suppofons que le diftrict d'une *fous-divifion* foit compofée des villes fuivantes, & dans l'ordre que je trace.

FÉCAMP.	AVRANCHES.
COUTANCE.	BAYEUX.
DREUX.	EVREUX.
GISORS.	LISIEUX.

L'opéra débuteroit à Pâques, à *Fécamp* ; & dans le même tems la comédie ouvriroit à *Lifieux* : après avoir refté chacune fix femaines dans ces villes ; la comédie partiroit pour *Evreux*, & l'opera pour *Coutance* ; au bout d'un pareil féjour ce dernier viendroit à *Dreux*, la comédie iroit s'établir à *Bayeux*. Celle-ci enfin gagneroit *Avranches*, tandis que l'autre arriveroit à *Gifors* : alors changeant de colonne ; l'opéra fuivroit, toujours dans la même proportion, la marche qu'auroit tenue la comédie : qui à fon tour remplaceroit l'opéra dans tous les lieux qu'il auroit parcourus. Par la combinaifon de ces mouvemens, les deux troupes feroient toujours neuves partout, ne fatigueroient point les villes ; ne fe nuiroient point l'une à l'autre, & ne pourroient être qu'avantageufes au directeur. Les deux autres troupes fuivroient le même ordre dans leur département.

Voilà donc ce même directeur, à la tête de neuf troupes ; une fédentaire, & huit ambulantes, les unes plus, les autres moins : & que l'infpecteur provincial vifiteroit alternativement.

Il faudroit, pour completter tout cela, bien des fujets. Ainfi, après avoir placé les premiers talens dans les capitales, avoir mis les feconds dans les quatre fecondes troupes ; on formeroit le *noyau* des quatre petites, avec les acteurs reftans, qui, fans être

être d'un mérite transcendant; en ont cependant assez pour être vus avec plaisir dans des villes, où l'on ne peut même pas espérer de voir les excellens comédiens; parce que les recettes qu'on y fait, ne suffiroient pas pour leurs appointemens.

La tête des petites troupes, ainsi formée d'anciens comédiens; s'il manquoit de sujets pour les completter; ce qui pourroit fort bien arriver, vû la réforme précédemment faite: on confieroit les emplois les moins importans aux plus forts des commençans, qui seroient alors non pas surnuméraires, mais toujours à de foibles appointemens; pour ne pas, d'un côté, faire monter les frais plus haut que les produits; et de l'autre, piquer toujours leur émulation: sauf encore à récompenser leurs efforts par des gratifications proportionnées à leurs progrès; mais toujours libres & non obligatoires de la part des directeurs.

En supposant que des villes moins considérables que celles dont je viens de parler, mais bien habitées, desirassent avoir une petite troupe pendant un mois ou deux; d'après leur demande, l'inspecteur s'y transporteroit, & s'assureroit les moyens de ne pas exposer le directeur à des pertes; & les citoyens au désagrément de voir malverser la troupe. En conséquence; après avoir calculé à quels frais pourroit monter le voyage & la dépense de ce détache-

G

ment; il exigeroit des amateurs une souscription capable de remplir ces objets.

Dans ces petits endroits, quand une fois le nombre peu considérable des personnes aisées est abonné, il faut très-peu compter *sur la porte*. C'est un mince casuel, souvent réduit à *zéro* les jours ouvriers, & sur lequel il ne faut point s'assurer : ce qu'il produiroit, aideroit à payer les frais de régie ; &, s'il étoit abondant, c'est sur cette masse que se prendroient les gratifications : d'ailleurs, un directeur ne manque jamais de charges accidentelles ; & ne sauroit avoir trop de ressources, pour une entreprise aussi étendue.

L'inspecteur ne s'engageroit donc, au nom du directeur, à envoyer la troupe demandée dans cette ville : qu'après s'être assuré par la souscription des principaux habitans ; de la somme nécessaire. D'après cela, le directeur formeroit à son gré un petit corps de troupe, composé de sujets qu'il prendroit dans ses différens théatres ; & proportionné au montant de l'abonnement. Là, il pourroit essayer les talens des commençans les plus formés, en leur faisant jouer quelques rôles importans. Les inspecteurs feroient très-exacts à faire leurs observations au *bureau* sur cet objet, pour que l'on fût à portée de connoître tous les sujets sur lesquels on pourroit fonder des espérances pour le progrès de l'art.

J'ai, comme on voit, trouvé le moyen de placer tous les comédiens, & d'en faire de nouveaux. Si l'on m'objecte que cette admiſſion de ſurnuméraires & d'éleves, accroîtroit au bout de quelques années, le nombre des comédiens : au point de ne ſavoir qu'en faire, n'y ayant plus de troupes ſans titre : je répondrai :

1°. Que la ſcrupuleuſe attention que l'on apporteroit à ne recevoir que des ſujets d'une belle eſpérance, les rendroit moins nombreux qu'on ne ſe l'imagine.

2°. Que ſi tous les ans on en recevoit de nouveaux : tous les ans auſſi, il y auroit des morts & des retraites.

D'ailleurs, nous avons les troupes Françoiſes en pays étranger, dont nous parlerons quand il en ſera tems ; & qui profiteroient avec empreſſement de la facilité de remplacer, par des ſujets connus & avoués ; nombre de mauvais acteurs, qui déshonorent chez les autres nations, & l'état de comédien, & le nom françois. Tout le monde ſait que pluſieurs princes d'Allemagne, qui s'étoient fait un plaiſir d'avoir des troupes *françoiſes*, ſe ſont vus forcés par leur audace & leur mauvaiſe conduite, de les renvoyer honteuſement.

CHAPITRE V.

De la création d'un Inspecteur général, & de son service.

Pour surveiller tout ce travail, entretenir l'activité, le zele & l'esprit d'ordre; pour mettre l'administration générale à portée de connoître, par des rapports sûrs & immédiats, quels seroient les acteurs les plus distingués, les plus méritans de tous les théatres de province ; & quel parti on pourroit en tirer pour ceux de Paris; il seroit nommé un *inspecteur général des spectacles de France*, qui seroit, comme je l'ai dit, membre opinant du *comité*, & auquel tous les inspecteurs provinciaux enverroient chaque mois un tableau de situation des troupes de leur département, avec leurs observations. Il en feroit à son tour le rapport au bureau.

Il seroit en outre tenu de faire tous les ans une tournée générale dans toutes les capitales du royaume où il y auroit *chef-lieu* de spectacle : & inspecteroit en même-temps les villes subalternes, où il se trouveroit des troupes ; & qui seroient sur son passage.

Pendant cette tournée, qui se feroit dans les mois d'août, septembre & octobre ; les inspecteurs particuliers lui remettroient à lui-même leurs états de fituation : ou les enverroient au bureau général, où on les conferveroit cachetés, jufqu'à fon retour à Paris, pour en faire alors l'ouverture ; & comparer leurs différens rapports avec fes propres obfervations.

Le détail de fes autres fonctions ; ainfi que de celles de tous les chefs, tant généraux que particuliers de l'adminiftration : eft l'objet d'un plan de travail raifonné & très-étendu ; dont le public n'a que faire ; & que l'auteur auroit l'honneur de mettre fous les yeux du miniftere : fi, comme il n'en doute pas, il daigne s'occuper de cette importante réforme.

CHAPITRE VI.

De la maniere de se procurer les fonds nécessaires pour les frais de la régie & administration générale, & les honoraires des inspecteurs & autres chefs, & des commis employés à son service : & de l'application du surplus de ces fonds.

LE but de l'administration proposée étant d'assurer aux directeurs le droit exclusif & imperturbable, de faire jouer la comédie dans toute l'étendue de leur district ; & de les rendre seuls dépositaires des sommes que le public de toute une province consacre à cette portion de ses plaisirs : leurs produits se trouvant par là considérablement accrus, & leur fortune plus assurée : il seroit dans l'ordre qu'ils contribuassent de leur contingent, au soutien d'un établissement qui leur seroit tout avantageux.

Premiérement, afin que chaque direction eût une consistance ; & renfermât, outre sa capitale, assez de bonnes villes pour assurer le fort des troupes qu'on y formeroit : je réduirois toute la France en dix-huit départemens, ou directions de comédie : dont voici le tableau.

1. Isle de France, Beauce & Soissonnnois.
2. Normandie & Hâvre de Grace.
3. Picardie & Boulonnois.
4. Flandre, Artois & Hainaut.
5. Champagne & Brie.
6. Lorraine, Barrois, Pays Messin, Toul, Verdun & Sedan.
7. Bourgogne, Bresse & Mâconnois.
8. Franche-Comté & Alsace.
9. Lyonnois, Dauphiné & Forez.
10. Languedoc, Vivarais & Vélai.
11. Provence & Comtat Venaissin.
12. Guienne, haute & basse, Roussillon. } Béarn, Navarre & comté de Foix.
13. Auvergne, Bourbonnois & Nivernois.
14. Limousin, Marche & Angoumois.
15. Poitou, Aunis & Saintonge.
16. Touraine, Maine & Perche, Anjou & Saumurois.
17. Bretagne.
18. Orléanois, Blaisois & Berri.

Les directeurs, comme je l'ai déja dit, se muniroient des priviléges de MM. les gouverneurs des différentes provinces; dont la jonction, quant à cet objet, formeroit leur arrondissement : & l'autorité de MM. les gouverneurs ne se trouveroit point compromise; parce que, malgré la réunion de leurs priviléges fur un même directeur ; chaque troupe feroit toujours foumife à leurs ordres refpectifs ; dans la ville où elle feroit fon féjour actuel. Il réfulteroit de cet arrangement, que la direction de la *Franche-Comté*, par exemple, unie à celle de *l'Alface*, comprenant *Befançon*, où l'on ne compte que 25000 habitans, & *Strasbourg*, où il y en a 46000, (fans compter les garnifons) équivaudroit à celle de *Lyon*, où la feule capitale en contient 160000 : je dis équivaudroit, & cela feroit vrai, quoique je joigne encore à cette derniere, *Grenoble*, où il s'en trouve 24000 : parce qu'il n'y a pas de régimens à *Lyon* ; qu'il n'y en a qu'un à *Grenoble* : & qu'il y en a treize, tant à *Befançon* qu'à *Strasbourg*. La même obfervation a lieu pour plufieurs autres villes, où je fixe des directions.

Je dois répondre d'avance à deux objections, que l'on pourroit me faire, fur cette réduction de tous les théatres fous dix-huit directeurs. La premiere, que cela déplaceroit grand nombre de petits entrepreneurs, qui partagent entr'eux le privilége des provinces, & y font plus ou moins bien leurs affaires.

A cela plufieurs chofes à répondre.

1°. Cette multiplicité de directions, rendroit impoffibles l'exactitude & l'uniformité du fervice des théatres : & ne permettroit point à l'adminiftration de voir raffembler en peu de volume ; les tableaux de fituation de chaque province.

2°. Cette même multiplicité est souvent cause de la ruine des directeurs ; qui, bornés à un petit nombre de villes, n'y trouvent quelquefois pas assez de ressources pour soutenir leurs troupes : & ne peuvent cependant les quitter ; parce que l'existence de plusieurs autres établissemens semblables qui les entourent ; nécessiteroit un voyage très-long, toujours très-dispendieux, & quelquefois hasardé. Ils sont, en pareil cas, forcés de se consumer eux-mêmes, en demeurant dans le cercle étroit qui leur est circonscrit ; ou de s'écraser par une route. Fatale alternative, dont les résultats sont toujours malheureux.

Ces inconvéniens disparoîtront, si le directeur d'une province est autorisé à faire voyager ses troupes *ambulantes* dans l'étendue de son district ; sans craindre qu'un autre s'y trouve, ou l'ait épuisée peu de temps auparavant. Plus de calculs incertains ; plus de routes trop longues ; plus de démarches inutiles ; plus de concurrence ; plus d'embarras. D'un autre côté, ces directeurs *partiels* sont comédiens, ou ne le sont pas ; ont de la fortune ou sont mal aisés.

S'ils ne sont pas comédiens, ou qu'ils soient mauvais acteurs, (&, dans ce dernier cas, leur exclusion est prononcée d'avance ;) je ne vois pas de quelle nécessité il peut être, que des hommes avides & désœuvrés, établissent la spéculation de leur aisance sur les talens des artistes ; dont ils ne savent point apprécier le mérite. Je ne trouve aucune injuftice à les dépouiller d'une autorité ufurpée, dont ils font fouvent le plus mauvais ufage.

Sont-ils acteurs feulement paffables ? la révolution du *corps dramatique* leur affure des engagemens folides, & dont l'émolument, proportionné à leur capacité, les mettra à même de fe livrer à leur état, de cultiver leurs difpofitions; fans les charger du détail faftidieux d'une petite fupériorité plus fatigante que refpectée; fouvent onéreufe; & toujours incompatible avec l'étude.

Qu'on ne m'accufe point d'être ici en contradiction avec moi-même. Il fembleroit, au premier coup-d'œil, que je vouluffe exclure de la direction toute perfonne qui ne feroit pas en même-temps comédien par état; & je dis cependant que les foins de la direction, même la moins étendue, ne s'accordent pas avec la tranquillité, & l'application que demande l'étude. Expliquons-nous; entendons-nous.

D'abord j'obferve que les petites troupes de direction font les moins difciplinées; & par conféquent les plus orageufes; les plus difficiles à régir. Moins le privilége en impofe par fon titre, & l'entrepreneur par fon opulence; plus les penfionnaires fe croient en droit de le vexer; de le contrarier; & de fe montrer négligens & rétifs. Ainfi un *directeur-acteur*, refpecté par l'étendue de fes reffources &

de son pouvoir ; étayé par l'autorité qui le protége ; & secondé dans ses travaux par des régisseurs qui le représentent ; a plus de tems à lui ; & beaucoup moins de tracasseries à essuyer, que le chef propriétaire d'une petite troupe. Des comédiens pourroient donc se charger des grandes directions.

Quant aux personnes qui, sans tenir au théâtre par leur état primitif, ont entrepris celles des grandes villes du premier ordre ; je ne trouverois point mauvais, que dans la nouvelle formation, on les y continuât ; parce que les fonds considérables qu'ils y ont mis, la certitude du sort qu'ils font aux acteurs, leur donnant des droits.

Mais il n'en est pas ainsi de ceux qui, ayant à peine de quoi végéter eux-mêmes ; se sont mis en tête de faire des troupes, où les talens & les artistes ne font également que végéter. Assurer à ceux-ci l'existence qu'ils méritent ; réduire leurs fragiles chefs à leur premiere nullité.

Avec de la réflexion & du raisonnement, on vient à bout de concilier les choses ; & de remettre tout à sa place..... Revenons. Les chefs actuels de petites troupes sont aisés ou sans fortune.

Dans le dernier cas, c'est rendre service à eux & à leurs pensionnaires, que de les soulager de l'inquiétude continuelle qui les ronge.

S'ils sont acteurs, je le répete, leur sort devient plus agréable.

Sont-ils riches ? Ceux qui ne font pas comédiens, se font assez engraissés aux dépens des comédiens, qu'ils se retirent, qu'ils cuvent leur or.

Sont-ils gens à talens, & par conséquent précieux à conserver ? ils peuvent prétendre, (en supposant que leur ambition s'étende au-delà des appointemens de leur emploi) aux directions provinciales. Sans même porter leurs vues si haut : & dans l'impossibilité qui se trouveroit de satisfaire les desirs de tous à cet égard : ils pourroient joindre à leurs occupations théatrales, les fonctions & les émolumens des régies subordonnées à chaque direction de province. Ils n'auroient pas tant de peine; pourroient compter sur un revenu plus considérable & plus certain.

Mais nous avons des magasins ; qu'en ferons-nous ? L'entrepreneur de la province qui, au lieu d'une troupe, en aura huit ou dix, aura besoin de huit ou dix magasins, il vous les achetera. De quelque côté que vous vous tourniez, vous ne pouvez trouver que des avantages aussi solides que réels.

L'autre objection seroit la difficulté de trouver des directeurs assez en fonds, pour faire les frais, & les avances que nécessiteroit l'entreprise d'une direction provinciale : leur donnant des districts aussi étendus ; & les chargeant de plusieurs troupes.

Vaine terreur ! Les fonds ne manqueroient pas.

Toutes les fois que le créateur d'un projet peut fonder sa spéculation sur des rentrées sûres ; & que dans la balance, le nombre des chances heureuses l'emporte infiniment sur celle des événemens contraires ; il est sûr de trouver des ressources. On aime à favoriser l'industrie ; & plus encore à faire travailler ses capitaux. Or, dans l'établissement que je présente ; toutes les probabilités sont pour moi. Il ne faut pas se dissimuler qu'à présent, plus que jamais ; le goût du spectacle est répandu par-tout : & que ce genre d'amusement est devenu, pour ainsi dire, de nécessité.

Sans parler des théatres royaux ; quatre spectacles subalternes se soutiennent splendidement à Paris.

Et quoiqu'ils payent chacun à l'Opéra une rétribution annuelle de 24 ou 30,000 liv. quoiqu'ils donnent aux pauvres le quart net de leurs recettes ; quoiqu'ils aient plusieurs salles à entretenir ; & que le prix de leurs places soit très-modique, & les appointemens de leurs acteurs très-chers ; enfin, quoique les sujets y soient nombreux, & les dépenses excessives ; les directeurs y font encore leur fortune.

Paris ne contient pourtant, quoiqu'on en dise, pas plus de 800,000 ames ; & il y a encore des spectacles inférieurs ; & Paris est *farci* de *théatres bourgeois*, qui font tort aux théatres réels : & une infinité de gens du peuple ne fait pas même ce que c'eſt que ſpectacle.

Si ce nombre d'habitans ſoutient annuellement ſept théatres : qui peut contrarier la ſolidité des vôtres ; en les multipliant par une proportion graduelle dans les provinces ; & en réglant leur nombre & leurs dépenſes ſur la population de chacun de vos départemens ?

Le Languedoc eſt peuplé de près de 1700,000 ames.

La Normandie, avec le gouvernement du *Hâvre*, eſt habitée par 1,900,000.

Entre la Guyenne, haute & baſſe, le Rouſſillon, le comté de Foix, le Béarn & la Navarre, dont je fais un ſeul département, on en trouve 2,971,000.

La Bretagne ſeule en compte 2,276,000.

Dans l'état même actuel des choſes, les grandes directions appartiennent-elles en propre à ceux qui en ont le titre ?

Celles de Lyon, de Bordeaux, de Marſeille, ne ſont-elles pas ſoutenues par des actionnaires ? Quel eſt le particulier aſſez riche, ou aſſez ennemi de ſon repos, pour, ſur le pied où ſont les choſes, placer 3 à 400,000 liv. dans une entrepriſe de ſpectacle, dont les reſſources n'excedent pas les limites de la ville où il eſt établi ? Mais ce qu'un ſeul homme ne pourroit ou ne devroit pas faire ; pluſieurs le font, & s'en trouvent bien. Lorſque le spectacle de ces grandes villes est bien dirigé, les actions hypothéquées dessus, en valent bien d'autres : & dans mon arrangement, elles vaudroient infiniment davantage, & l'on en trouveroit plus qu'il n'en faudroit.

Ainsi, en suivant mon *hypothese*, rien ne s'opposeroit à ce que dix-huit hommes intelligens, munis d'abord des priviléges nécessaires des gouverneurs des provinces qui composeroient le département qu'ils voudroient entreprendre ; trouvassent une compagnie de gens riches, qui placeroient leurs fonds sur cette entreprise : leur état de *commenditaires* & leurs arrangemens envers ceux dont ils feroient valoir les deniers, ne les empêcheroient pas d'être directeurs ; & d'entretenir leur correspondance avec l'administration générale : dont l'autorité, en même-temps qu'elle favoriseroit leurs soins pour l'ordre du service, & l'agrément du public ; contribueroit à la sûreté des actionnaires : en ce que la surveillance des inspecteurs obvieroit aux abus, & préviendroit les malversations.

Tous les obstacles ainsi levés ; & les directeurs assurés par le bureau général de tous les avantages possibles ; ils seroient tenus de payer chacun un droit annuel pour les honoraires, tant des chefs de ce bureau ; que des inspecteurs, & des employés subalternes qui y seroient nécessaires. En conséquence, chaque directeur, après avoir pris connoissance de la somme à laquelle seroit taxée la direction de son département ; feroit au bureau de Paris sa soumission du payement de cette somme. Ce seroit d'après cette formalité ; & l'attache de l'administration, qu'il solliciteroit ses priviléges : & MM. les gouverneurs seroient priés de vouloir bien ne les accorder qu'à ceux qui justifieroient de cette formalité remplie.

Je les supplie même d'observer que cette précaution, loin d'être attentatoire à leur autorité : ne seroit qu'un moyen pour empêcher qu'on n'arrachât à leur bienfaisance des priviléges ; dont les porteurs non avoués, abuseroient ; comme il se fait tous les jours.

Je ne suppose pas que les entrepreneurs pussent trouver mauvais qu'on les soumît à une rétribution. Il ne seroit pas juste que tous les membres du comité sacrifiassent gratuitement leur temps, leurs peines & leurs soins, pour le bien général de la comédie ; encore moins qu'ils payassent de leurs deniers les commis qu'ils seroient obligés d'employer. Cette assemblée étant le *chef* qui veilleroit aux opérations de tout le *corps dramatique* ; qui y feroit circuler l'émulation, l'activité, qui y maintiendroit le bon ordre & la subordination ; ce seroit légitimement aux principaux membres de ce corps à concourir au soutien du chef. Les directeurs, dont les profits ne seroient pas limités ; se dédommageroient

mageroient par eux; & fur le travail de tous leurs acteurs, des occupations qu'ils fe feroient impofées. Ce feroit donc à eux de reconnoître à leur tour la vigilance & les fatigues de ceux qui affureroient leur fort & leur tranquillité.

Au furplus, ceux à qui cette condition paroîtroit onéreufe, feroient libres de ne point entreprendre. Il ne manqueroit pas d'autres, à qui l'afpect d'un bénéfice certain & confidérable rendroit ce facrifice très-léger.

Comme il feroit naturel que les directions ne fuffent impofées qu'en proportion de leur étendue & de leurs produits : voici comme je crois qu'on pourroit affeoir cette taxe.

NOMS DES DÉPARTEMENS.	Sommes annuelles qu'ils payeroient.
1. ILE DE FRANCE	8000 liv.
2. NORMANDIE	25000.
3. PICARDIE	8000.
4. FLANDRES	12000.
5. CHAMPAGNE	6000.
6. BERRI	6000.
7. LORRAINE	15000.
8. BOURGOGNE	6000.
9. ALSACE	12000.
10. LYONNOIS	18000.
11. LANGUEDOC	20000.
12. PROVENCE	15000.
13. GUIENNE	25000.
14. AUVERGNE	8000.
15. LIMOSIN	5000.
16. POITOU	10000.
17. TOURAINE	10000.
18. BRETAGNE	25000.
TOTAL.	234000.

Cette fomme, dont la répartition n'eſt point faite ſans connoiſſance de cauſe, ne paroîtra rien moins qu'exorbitante, lorſqu'on ſe ſera fait repréſenter le produit de la comédie, dans toutes les villes de chaque province ; produit qui s'accroîtroit encore, ſi, d'après l'ordre que je propoſe d'établir, les spectacles étoient toujours bons, & bien servis. En veut-on voir l'emploi ? le voici.

Qualités des chefs, membres, & commis de l'administration.	Sommes à payer pour les honoraires & les appointemens.
Deux directeurs généraux, à 6,000 liv. chacun.	12000.
Douze membres du comité, à 4,000.	48000.
Un inspecteur général, (à cause de sa tournée), ...	15000.
Dix-huit inspecteurs provinciaux, à 4,000, ...	72000.
Un secrétaire, chef du bureau des écritures, ...	3000.
Un caissier, ...	6000.
Deux commis aux écritures, à 1000 liv. chacun, ...	2000.
Total. . . .	158000.
Les menus frais de régie, tels que location, bois, meubles de bureau, lumieres, papiers, livres, & ports de lettres, iroient, au plus bas, à	6000.
Le total général de la dépense se roit donc de.	164000.
Cette somme, prise sur la recette qui est de.	234000.
Il resteroit celle de. . . .	70000.

Cet excédent se diviseroit en deux portions dont l'emploi seroit aussi utile qu'intéressant.

La premiere, qui seroit de 40000 liv. seroit versée dans la caisse de l'académie royale de musique. Ce spectacle, qui est le centre du goût, & l'école de la danse, du chant, & à présent de la déclamation: entraîne des dépenses énormes, que les recettes, quelque considérables qu'elles soient, peuvent à peine couvrir. Il est de la gloire de la nation de maintenir sa splendeur, & l'on ne sauroit trop lui fournir de ressources.

Les 30000 liv. restans seroient, tous les ans, placés sur le *trésor royal* : & leur revenu qui, par ces placemens réitérés, deviendroit, en peu d'années, très-considérable ; & dont la manutention seroit toujours attribuée au *grand bureau*; seroit employé à faire des pensions, dont le nombre & la force s'accroîtroient en proportion de la multiplication des fonds ; aux comédiens de province, que leurs infirmités & leur âge obligeroient de quitter le théatre, sans avoir de fortune suffisante pour vivre.

Ils ne pourroient y prétendre, qu'autant qu'ils auroient bien mérité, tant du public que de l'administration ; par leur conduite, ainsi que par leurs talens. Ce qui seroit attesté non-seulement par les rapports des inspecteurs, & les témoignages des directeurs : mais, par un certificat authentique des gouverneurs de leur province, sans lequel titre, ils ne pourroient être admis à la pension.

S'il est flatteur de s'occuper des plaisirs des citoyens, il est encore plus doux de travailler pour le bien de l'humanité. Aussi je le dis tout haut, je m'applaudis de mon idée : & je vois que s'il y a dans mon ouvrage quelque article qui me fasse des ennemis, ce ne sera pas celui-ci.

CHAPITRE VII.

De quelques réglemens, concernant la conduite des Comédiens.

Sans prétendre asservir les comédiens à une vie plus réguliere que le reste des citoyens, (ce qui seroit absurde & ridicule) je crois que si l'on veut donner à leur profession un *vernis* de décence, qui les rétablisse dans l'esprit du peuple, on ne peut y parvenir, sans prendre les moyens nécessaires, pour empêcher que des particuliers ne commettent des fautes, dont le blâme réjaillit sur tous les autres. En général, il n'est point d'état, de société; depuis la profession des armes, & celle des loix, jusqu'au moindre corps de métier, où les membres ne soient soumis à un régime propre; & n'encourent l'animadversion de ce tribunal particulier, lorsqu'ils s'écartent de leurs devoirs. Chaque communauté, outre les loix du royaume, sous l'autorité desquelles elle s'est formée; a ses statuts particuliers, dont l'infraction mérite, à celui qui s'en est rendu coupable, ou l'exclusion, ou une peine proportionnée à sa faute. Le but de ces réglemens, en même-tems qu'il débarrasse le gouvernement d'un détail infini de faits obscurs, dont la connoissance lui échapperoit; est de veiller aux intérêts du public; comme à l'honneur de la communauté. Un *manufacturier* qui ne donne pas à ses étoffes la qualité qu'elles doivent avoir, est réprimandé. Un *avocat*, dont la conduite n'est pas décente, est rayé du *tableau*. On mure la boutique d'un *marchand de vin* qui falsifie ses boissons. Les savetiers ont leurs *jurés*.

Pourquoi donc laissera-t-on les comédiens libres sur leur conduite, comme sur la maniere d'exercer leur art ? Par-tout où regne l'extrême licence, on doit s'attendre à trouver le désordre. Les honnêtes gens ne s'effrayent point des loix, ils les respectent sans les craindre; elles ne gênent que ceux qui veulent s'y soustraire; & c'est justement pour ceux-là qu'il en faut.

Par exemple, on voit tous les jours des acteurs contracter des dettes; qui surpassent de beaucoup ce qu'ils ont à prétendre de leurs appointemens. L'année finit, ils changent de troupes, trouvent de nouvelles dupes dans la ville où ils arrivent, & échappant aux poursuites de leurs créanciers, ou par de vils subterfuges, ou par leur insolvabilité même; font passer tous les comédiens pour de mauvais payeurs : des gens à qui l'on ne doit pas se fier.

Il seroit facile de remédier à cet abus, comme à bien d'autres : & pour cela, il seroit dressé un corps de réglemens ; que l'adminiſtration préſenteroit à MM. les gentilshommes de la chambre, & à MM. les gouverneurs de province ; pour qu'ils le revêtiſſent de leur approbation, & de leur ſanction. Alors, munis de cette autorité reſpectable ; les directeurs & inſpecteurs veilleroient à en maintenir l'exécution. Le corps, ſoit municipal, ſoit militaire, de qui dépend la police du ſpectacle de chaque ville, leur prêteroit main-forte pour punir les délinquans : & le comité, inſtruit de la conduite de chaque ſujet ; ſauroit le cas qu'elle en devroit faire ; & juſqu'à quel point on pourroit porter la tolérance, en les conſervant au rang des comédiens ; ou la ſévérité, en les expulſant tout-à-fait du corps ; s'il falloit en venir là. Il y auroit de même un ordre uniforme pour la diſcipline intérieure des théatres, concernant le ſervice du public. Les grands ſpectacles de province, ſur-tout celui de Bordeaux, ont déja, ſur cet objet, des réglemens que l'on réſumeroit ; pour faire du tout une eſpece de *code*, auquel tous les acteurs ſeroient ſoumis.

CHAPITRE VIII.

Des troupes de Comédie françoises, dans les pays étrangers.

UN étranger qui vient en France, & que l'inconduite ou l'ignorance des acteurs françois, établis dans son pays, a rebuté, ou scandalisé ; apporte avec lui des préjugés peu favorables pour les comédiens. Les peuples, que ces acteurs rendent témoins de leurs désordres ou de leur ineptie ; en mêmetems qu'ils les méprisent, conçoivent une idée désavantageuse de notre nation & de nos artistes.

Pour réparer ce défaut, tous les comédiens françois qui seroient dans les villes étrangeres, enverroient, dans les six mois de l'établissement du comité, leurs noms & celui des emplois qu'ils remplissent. Chaque troupe feroit une feuille contenant ces détails, signés de tous les sujets qui la composent ; & que l'on feroit passer à Paris. L'avis leur en feroit donné par une lettre *circulaire*, que l'administration adresseroit aussi-tôt après son établissement à tous ces directeurs ; lesquels, de leur côté, enverroient un pareil état avec leurs observations, sur les qualités de chaque acteur. Les comédiens qui n'auroient point envoyé leur signature ; dans le cas où ils reviendroient en France ; ne pourroient être admis dans aucune troupe ; qu'après un an de *surnumérariat*. Moyennant ce, les entrepreneurs, assurés de trouver par le secours du comité, des sujets en état de remplir leurs vues, pourroient se débarrasser de tous les mauvais. Mais en même-tems, pour prévenir les émigrations frauduleuses ; ils ne pourroient engager aucun acteur, actuellement en France, sans l'aveu du bureau.

Ce travail, ainsi que celui du mouvement des acteurs d'une province à l'autre dans le royaume, les remplacemens, nouveaux engagemens, &c..... seroit l'objet du travail d'un bureau de *correspondance générale*, établi à Paris, sous les ordres du *comité* dont il dépendroit ; comme faisant partie de l'administration. C'est ce dont je vais parler.

CHAPITRE IX.

Etabliſſement d'un bureau de correſpondance générale pour les théatres de France, & des pays étrangers; ſous les ordres de l'adminiſtration générale des ſpectacles.

CE département ſeroit tenu par un *chef de bureau*, nommé par le *comité*, & ſervi par le nombre de commis que l'on jugeroit néceſſaire : leurs appointemens, (car c'eſt à quoi il faut penſer avant tout) ſeroient pris, ainſi que les frais de régie de cette partie, ſur les produits des ſommes que tous les acteurs payeroient à leur réception, placemens & renouvellemens annuels d'engagement. Ces ſommes, quoique très-légeres pour chaque individu, ſe multiplieroient aſſez pour couvrir les frais. Le chef du bureau de correſpondance, qui en ſeroit receveur & comptable, verſeroit l'excédent, s'il s'en trouvoit, dans la caiſſe générale.

Ce n'eſt pas ici le lieu de fixer le *tarif* de ces petits droits. Il ſuffit d'obſerver que les directeurs, lorſqu'ils engageroient de nouveaux acteurs, n'auroient rien à payer. Etant de leur côté chargés d'une ſomme, il ſeroit juſte que les penſionnaires fiſſent les frais de leurs places; dont le bénéfice eſt toujours plus clair & plus certain pour eux que pour tout autre.

Tous les entrepreneurs qui auroient befoin de fujets : tous les acteurs qui demanderoient une place, s'adrefferoient à ce bureau, feul & exclufivement chargé de la correfpondance : là, tous leurs engagemens feroient enregiftrés ; ainfi que tous ceux qui fe feroient à Pâques de chaque année, foit pour refter dans la même direction, foit pour paffer à une autre : & tout penfionnaire qui ne rempliroit pas cette formalité dans le mois de la date de l'engagement, pour la France, & dans trois mois pour les villes étrangeres ; feroit puni d'une *amende*, dont le directeur feroit refponfable.

Par-là, non-feulement, on fauroit le nombre total des comédiens ; mais on connoîtroit leurs talens ; on verroit, d'un coup-d'œil, où ils feroient, ce qu'ils feroient, ce qu'ils deviendroient. Plus de gens errans ; plus de directeurs trompés ; plus de changemens de noms. Les acteurs ne rifqueroient pas de faire les frais d'un voyage quelquefois long & difpendieux ; pour aller rejoindre une mauvaife troupe ; où leurs talens fe trouvent compromis ; & leurs intérêts lézés. Le public amateur, verroit par-tout des hommes exercés, & capables de remplir les emplois dont ils fe feroient chargés. La bonne compagnie feroit flattée de pouvoir accorder fon eftime à ceux qui font fes plaifirs.

Des milliers d'individus épars, &, pour ainſi dire, égarés, rentreroient dans la ſociété. Une noble émulation feroit éclore les talens, & fleurir le plus beau des arts.

Voilà le but de mon ouvrage ; & comme je n'ai fait qu'eſquiſſer la maniere de parvenir à cette fin ; ſi l'on daigne s'occuper de mon projet, on trouvera chez moi un plan de travail tout dreſſé, fruit de pluſieurs années de réflexion ; & qui ſimplifieroit l'opération d'une maniere dont on feroit peut-être ſurpris. Qu'on en vienne là, je le ſouhaite pour le bien général. Qu'on s'en tienne à me lire, ſans vouloir mettre la coignée à l'arbre : j'aurai toujours la ſatisfaction d'avoir marqué l'endroit où il falloit frapper. Quand on ne peut opérer le bien par ſoi-même, c'eſt remplir ſa tâche, que d'en faire naître l'idée.

F I N.

APPROBATION.

J'ai lu, par ordre de Monseigneur le Garde des Sceaux, un Manuscrit intitulé : *la Réforme des Théatres*, par M. de St. Aubin, & n'y ai rien trouvé qui doive en empêcher l'impression. A Paris, ce 14 Mars 1787.

GUIDI.

PRIVILÉGE DU ROI.

LOUIS, PAR LA GRACE DE DIEU, ROI DE FRANCE ET DE NAVARRE : A nos Amés & Féaux Conseillers, les Gens tenant nos Cours de Parlement, Maîtres des Requêtes ordinaires de notre Hôtel, Grand-Conseil, Prévôt de Paris, Baillifs, Sénéchaux, leurs Lieutenans-Civils, & autres nos Justiciers qu'il appartiendra : SALUT, notre amé le sieur DE SAINT AUBIN, nous a fait exposer qu'il desireroit faire imprimer & donner au Public *la Réforme des Théatres, ou Vues d'un Amateur, sur les moyens d'avoir toujours des Acteurs à talens sur les Théatres de Paris & des grandes Villes du Royaume, & de prévenir les abus des troupes ambulantes, sans priver les petites Villes de l'agrément des Spectacles;* s'il nous plaisoit lui accorder nos Lettres de Permission pour ce nécessaires. A CES CAUSES, voulant favorablement traiter l'Exposant, nous lui avons permis & permettons par ces présentes, de faire imprimer ledit Ouvrage autant de fois que bon lui semblera, & de le faire vendre & débiter par tout notre Royaume, pendant le temps de cinq années consécutives, à compter du jour de la date des Présentes. Faisons défenses à tous Imprimeurs, Libraires & autres personnes, de quelque qualité & condition qu'elles soient, d'en introduire d'impression étrangere dans aucun lieu de notre obéissance. A la charge que ces présentes seront enrégistrées tout au long sur le Registre de la Communauté des Imprimeurs & Libraires de Paris, dans trois mois de la date d'icelles; que l'impression dudit ouvrage sera faite dans notre Royaume & non ailleurs, en bon papier & beaux caracteres; que l'Impétrant se conformera en tout aux Réglemens de la Librairie, & notamment à celui du 10

Avril 1725, & à l'Arrêt de notre Conseil du 30 Août 1777, à peine de déchéance de la présente Permission; qu'avant de l'exposer en vente, le Manuscrit qui aura servi de copie à l'impression dudit Ouvrage, sera remis dans le même état où l'approbation y aura été donnée, ès mains de notre très-cher & féal Chevalier, Garde des Sceaux de France, le sieur HUE DE MIROMESNIL, Commandeur de nos Ordres; qu'il en sera ensuite remis deux exemplaires dans notre Bibliotheque publique, un dans celle de notre Château du Louvre, un dans celle de notre très-cher & féal Chevalier, Chancelier de France, le sieur DE MAUPEOU, & un dans celle dudit sieur HUE DE MIROMESNIL: le tout à peine de nullité des présentes; DU CONTENU desquelles VOUS MANDONS & enjoignons de faire jouir ledit Exposant & ses ayans cause, pleinement & paisiblement, sans souffrir qu'il leur soit fait aucun trouble ou empêchement. Voulons qu'à la copie des présentes, qui sera imprimée tout au long, au commencement ou à la fin dudit Ouvrage, foi soit ajoutée comme à l'original. Commandons au premier notre Huissier ou Sergent sur ce requis, de faire pour l'exécution d'icelles, tous actes requis & nécessaires, sans demander autre permission, & nonobstant clameur de Haro, Charte Normande, & Lettres à ce contraires. CAR tel est notre plaisir. Donné à Versailles, le dix-septieme jour du mois de Janvier, l'an de grace mil sept cent quatre-vingt sept, & de notre regne le treizieme. Par le Roi, en son Conseil.

LEBEGUE.

Regiſtré ſur le Regiſtre XXIII de la Chambre Royale & Syndicale des Libraires & Imprimeurs de Paris, N°. 1000, fol. 150, conformément aux diſpoſitions énoncées dans la preſente Permiſſion; & à la charge de remettre à ladite Chambre les neuf exemplaires preſcrits par l'Arrêt du 16 Avril 1785. A Paris, le premier Février 1787.

NYON *l'aîné, Adjoint.*

www.ingramcontent.com/pod-product-compliance
Lightning Source LLC
Chambersburg PA
CBHW060203100426
42744CB00007B/1151